4.99

C1B

38

STORMYDD CARIAD

STORMYDD CARIAD

Ann Rhys

Golygwyd gan
Ieuan Griffith

HUGHES

Yn seiliedig ar gwrs sgrifennu Coleg Prifysgol Cymru, Aberystwyth. Hoffai'r cyhoeddwyr ddiolch i Gydbwyllgor Addysg Cymru am eu cydweithrediad.

Argraffiad cyntaf: Ebrill 1991

ISBN 0 85284 096 9

Dymuna'r cyhoeddwr gydnabod cymorth a chyfarwyddyd Adrannau'r Cyngor Llyfrau Cymraeg a noddir gan Gyngor Celfyddydau Cymru.

Cysodwyd y llyfr hwn mewn Plantin 11/14

Cysodwyd ac argraffwyd gan Cambrian Printers, 18-22 Queen Street, Aberystwyth, Dyfed, SY23 1PX.

Cyhoeddwyd gan Hughes a'i Fab, Parc Tŷ Glas, Llanishen, Caerdydd, CF4 5DU

Pennod 1

Pentref glan y môr digon cyffredin oedd Traeth Bychan;
ychydig o dai, siopau'r groser a'r cigydd, garej fechan, siop
sglodion a physgod a fyddai'n agor ei drysau am bedwar mis
bob haf, dwy dafarn, dau gapel, eglwys a harbwr. Yr
harbwr oedd yn rheoli bywyd y pentref. I'r harbwr y
byddai'r gwylanod yn dod i chwilio am friwsion. I'r harbwr
y byddai'r pysgotwyr a phobl yr ardal yn dod ar ddiwedd
diwrnod gwaith i gael sgwrs gyda hwn a'r llall, ac i'r harbwr
hefyd y byddai'r bobl ifanc yn dod i garu'n wyllt y tu ôl i'r
siediau. Bob blwyddyn, rhwng mis Mai a mis Medi,
byddai'r lle'n llawn o ymwelwyr lliwgar yn mwynhau'r
tywydd braf; rhai yn cerdded ar hyd y traeth, eraill yn
torheulo ar y cei, a'u plant niferus wrth eu bodd yn chwarae
ar y tywod ac yn y tonnau. Byddai eu sŵn a'u symud yn
llenwi pob twll a chornel. Ond yn y gaeaf byddai'r pentref
a'r harbwr yn llonydd ac yn dawel.

'Beth wyt ti'n weld?'
Trodd Margied oddi wrth y ffenestr i wynebu ei mam.

---

digon cyffredin *ordinary enough*	torheulo *to sunbathe*
traeth *beach*	cei *quay*
rheoli *to rule*	niferus *numerous*
gwylan(od) *gull(s)*	tywod *sand*
briwsion *crumbs*	llenwi *to fill*
pysgotwyr *fishermen*	pob twll a chornel *every nook and*
ardal *district*	cranny
ymwelwyr *visitors*	

1

Roedd golwg wedi blino arni.

'Dim byd arbennig. Dim byd ond y môr.'

'Mae hwnnw yma bob amser.'

'Ydy, gwaetha'r modd.'

Doedd Margied ddim yn hoffi'r môr. Roedd hi wedi cael ei geni a'i magu yn Nhraeth Bychan, ond er pan oedd hi'n ferch fach roedd hi wedi casáu'r môr.

Roedd y môr bob amser wedi codi ofn arni. Tra oedd y plant eraill i gyd wrth eu bodd yn chwarae ar y traeth neu'n nofio yn y môr, byddai Margied yn cadw draw. Byddai'n well ganddi hi fynd i chwarae yn y coed neu ar y mynydd y tu ôl i'r pentref.

'Wn i ddim be' fyddai dy dad yn feddwl pe bai o'n dy glywed di. A be' fydden ni'n wneud yn y pentref yma heb y môr? Mae o yn ein gwaed ni ac mae o'n rheoli'n bywydau ni.'

'Wel, dydy o ddim yn mynd i reoli fy mywyd i, beth bynnag!' meddai Margied yn benderfynol.

Penderfynodd Margied fynd am dro drwy'r pentref. Roedd hi'n dechrau tywyllu ac roedd pob man yn dawel. Cerddodd i lawr at y cei a safodd yno'n gwrando ar y tonnau'n torri'n

---

gwaetha'r modd *worse luck*
er pan oedd hi *since she was*
casáu *to hate, to dislike*
codi ofn *to frighten*
wrth eu bodd *in their element*
cadw draw *to keep away*
byddai'n well ganddi *she would prefer*

pe bai o *if he were*
beth bynnag *whatsoever*
penderfynu *to decide*

wyllt ar y traeth. Cyn bo hir clywodd lais cyfarwydd yn galw arni. Llais Rhisiart Dafydd.

'Mae'r hen fôr 'ma'n wyllt heno, Margied.'

'Ydy, maen nhw'n dweud y byddwn ni'n cael storm cyn y bore.'

'Pwy sy'n dweud?'

Fel pob hen bysgotwr roedd Rhisiart Dafydd yn gwybod popeth am y tywydd, a doedd o ddim wedi dweud wrth neb y byddai hi'n storm cyn y bore.

'Y radio. Roeddwn i'n gwrando ar y dyn tywydd y prynhawn 'ma. Gobeithio nad oes 'na neb allan mewn cwch heno.'

Ysgydwodd Rhisiart Dafydd ei ben yn amheus. Doedd ganddo fo ddim i'w ddweud wrth broffwydi tywydd y radio. Roedd profiad hen bysgotwr yn llawer mwy dibynadwy. Penderfynodd droi'r stori.

'Sut mae dy dad erbyn hyn?'

''Run fath. Does 'na ddim newid. Roedd y doctor yn dweud y bore 'ma nad oes 'na ddim byd arall y gall o'i wneud. Does dim byd amdani hi ond disgwyl bellach.'

'Dafydd, druan. A sut mae dy fam yn dod i ben â hi? Cofia ddweud wrthi fy mod i'n meddwl amdani hi.'

---

cyn bo hir *before long*
llais cyfarwydd *a familiar voice*
cwch(cychod) *boat(s)*
yn amheus *suspiciously*
proffwydi *forecasters/prophets*
profiad *experience*
dibynadwy *dependable*
troi'r stori *to change the topic*

erbyn hyn *by now*
'run fath *the same*
y gall o'i wneud *that he can do*
does dim byd amdani *there's nothing for it*
bellach *from now on*
druan *poor*
dod i ben â *to cope with*

Pan ddaeth Margied yn ôl i'r tŷ, roedd ei mam yn eistedd yn ei chadair a'i phen ar y bwrdd yn crio. Aeth Margied ati a rhoi ei braich am ei hysgwyddau. Doedd hi ddim yn gwybod beth i'w ddweud i'w chysuro. Roedd hi'n gwybod yn iawn bod ei thad yn marw. Roedd o wedi bod yn wael ers misoedd, yn troi a throsi mewn poen — er y diwrnod stormus hwnnw pan lithrodd a syrthio oddi ar wal y cei pan oedd yn dringo i lawr i'r cwch. Roedd wedi treulio rhai wythnosau yn yr ysbyty yn y dref, ond erbyn hyn roedd Dafydd Thomos yn gorwedd yn anymwybodol yn ei wely gartref. Roedd ei lygaid ar gau ac roedd ei wallt gwyn yn wlyb o chwys. Weithiau, byddai'n agor ei lygaid am funud neu ddau ac yn edrych ar ei wraig a'i ferch. Ond fyddai o byth yn dweud gair.

Fel y rhan fwyaf o ddynion y pentref, roedd Dafydd Thomos wedi hen arfer â'r môr. Roedd o wedi bod yn llongwr er pan oedd o'n blentyn, ac roedd o wedi teithio i bob rhan o'r byd cyn priodi a setlo i lawr yn y pentref i ennill ei fywoliaeth fel pysgotwr. Roedd Margied yn cofio mynd, yn ferch fach, i lawr i'r cei i weld y cychod, law yn llaw â'i thad. Roedd hi hefyd yn cofio'r oriau hir pan fyddai'r gwynt yn codi a'r awyr yn duo a hithau a'i mam yn

---

cysuro *to console*
troi a throsi *to toss and turn*
treulio *to spend (time)*
anymwybodol *unconscious*
chwys *perspiration*
weithiau *sometimes*
hen arfer *long accustomed*
bywoliaeth *a living*

duo *to darken*

4

aros i gwch ei thad gyrraedd yn ôl i'r harbwr.

Aeth Margied a'i mam i fyny'r grisiau a sefyll yn dawel wrth wely ei thad.

'Mae o'n edrych yn llwyd ac yn llonydd iawn heno 'ma.'

'Ydy, mi gafodd o dabledi gan y doctor i ladd y boen ac i wneud iddo fo gysgu.'

Gafaelodd Margied yn llaw wen ei thad. Roedd hi'n oer. Agorodd Dafydd Thomas ei lygaid ac edrychodd arni. Gwenodd am eiliad. Roedd o wedi adnabod ei ferch.

'Nhad! Nhad!' gwaeddodd Margied.

Ddaeth dim ateb. Ciliodd y wên a chaeodd Dafydd Thomas ei lygaid am y tro olaf.

I gyfeiriad y mynydd yr aeth Margied i gerdded y noson wedyn. Roedd hi wedi bod yn y tŷ drwy'r dydd yn ceisio cysuro ei mam, ac yn sgwrsio â'r cymdogion caredig oedd yn galw i gydymdeimlo ac i gynnig eu help. Cyn mynd i'w gwely penderfynodd Margied y byddai'n rhaid iddi fynd allan o'r tŷ i gael awyr iach, ac i dreulio ychydig o amser ar ei phen ei hun.

Cyn bo hir clywodd lais yn galw ar ei hôl drwy'r tywyllwch.

---

llwyd *pale, grey*
llaw wen *white hand*
eiliad *second*
cilio *to retreat*
y tro olaf *the last time*
cyfeiriad *direction*
cymdogion *neighbours*
cydymdeimlo *to sympathize*

ar ei phen ei hun *on her own*
ar ei hôl *after her*

'Margied! Margied!'

Llais Harri, ei chariad. Rhedodd Margied ato a gafael yn dynn ynddo.

'Mae o wedi marw, Harri!'

'Mi wn i, Margied. Rydw i newydd fod yn y tŷ yn gweld dy fam. Hi ddwedodd dy fod ti yma.'

Cerddodd y ddau i lawr i gyfeiriad y cei law yn llaw. Roedd hi'n hwyr a doedd neb arall o gwmpas. Gwranda-wodd Harri yn llawn cydymdeimlad ar Margied yn sôn am ei thad, ac yna safodd y ddau yno yn y tywyllwch yn gwrando ar y tonnau'n torri'n esmwyth ar y traeth. Roedd awel ysgafn yn chwythu o'r môr a storm y noson cynt wedi tawelu. Meddyliai Margied am ei thad a oedd heno yn gorwedd mor dawel ar ôl misoedd o boen. Yna, trodd at ei chariad.

'Harri!'

'Ia?'

'Wyt ti'n fy ngharu fi?'

'Ydw, wrth gwrs. Rwyt ti'n gwybod hynny'n iawn.'

'Wnei di byth fynd i ffwrdd a 'ngadael i, yn na wnei, Harri?'

'I ble yn y byd byddwn i'n gallu mynd?' atebodd Harri

---

yn dynn *tightly*
newydd *just*
dy fod ti yma *that you were (are) here*
esmwyth *gentle*
awel *breeze*
y noson cynt *the previous night*
gadael *to leave*

gan wenu arni.

'Mi wnei di aros yma, efo fi, yn y pentre am byth? A wnei di byth fynd allan i bysgota ar yr hen fôr ofnadwy 'ma, yn na wnei?'

Edrychodd Harri arni. Doedd o ddim yn gallu dweud 'Na' wrthi. Heno, Margied oedd yn bwysig. Gafaelodd yn dynn ynddi a dweud, 'Paid â phoeni, mi arhosa i yma efo ti.'

Gwenodd Margied arno a'i gusanu. Yna, trodd y ddau eu cefnau ar y môr a cherdded yn araf yn ôl i gyfeiriad y pentref. Roedd yr awyr yn y dwyrain yn dechrau goleuo. Byddai yfory'n ddiwrnod braf, meddyliodd Margied.

Ond roedd gwylan unig yn crio ar wal y cei.

---

am byth *for ever*
ofnadwy *terrible*
yn na wnei? *will you?*
pwysig *important*
paid â phoeni *don't worry*
cusanu *to kiss*
dwyrain *east*
goleuo *to light*

unig *lonely* (*only* if in front of noun)

Pennod 2

Gwanwyn o'r diwedd! Roedd haul gwan y bore yn gwenu yn yr awyr glir ac yn disgleirio ar wyneb y môr. Roedd ŵyn cynta'r flwyddyn yn prancio o amgylch eu mamau ar y caeau uwchben y clogwyni, ac roedd Cennin Pedr yn dawnsio yn yr awel ysgafn yng ngerddi tai y pentref. Roedd hi'n fore hyfryd — bore oedd yn cyhoeddi diwedd y gaeaf hir a'i oerni a'i stormydd.

Roedd Ifan Jones yn cerdded yn sioncach nag arfer i lawr i gyfeiriad y cei o'i fwthyn yn un o strydoedd serth Traeth Bychan ac yn mwmian canu dan ei anadl. Heddiw, roedd gwên ar ei wyneb a golwg ddireidus yn ei lygaid, ac roedd y mwg yn pwffian yn gynt nag arfer o'i getyn du. Roedd yr hen ŵr yn teimlo cyffro cyntaf y gwanwyn ym mêr ei esgyrn.

Cerddodd heibio i swyddfa fechan yr harbwr-feistr. Yno o'i flaen roedd y dŵr llonydd, dwfn, yn disgleirio yn yr haul. Roedd harbwr Traeth Bychan wedi ei godi mewn hafn naturiol yn y creigiau, ac roedd ei furiau'n ymestyn fel dwy fraich groesawus yn barod i gofleidio pob cwch a'i

---

disgleirio *to shine*
oen(ŵyn) *lamb(s)*
clogwyn(i) *cliff(s)*
Cennin Pedr *daffodils*
cyhoeddi *to announce*
sioncach *more nimble*
serth *steep*
mwmian *to mumble*

anadl *breath*
direidus *mischievous*
cetyn *pipe*
cyffro *excitement*
mêr ei esgyrn *the marrow of his bones*
hafn *hollow, gorge*
cofleidio *to embrace*

cyrhaeddai'n ddiogel o ganol peryglon y môr. Roedd gan Ifan Jones ei garreg arbennig ei hun ger ceg yr harbwr, carreg fawr a oedd yn edrych fel mulfran ddu, ac arni y byddai'r hen bysgotwr yn eistedd am oriau i edrych allan i'r môr. Gweld yr hen bysgotwr yn eistedd ar ei garreg yn 'smygu ei getyn yn hamddenol oedd cof cyntaf y rhan fwyaf o bobl y pentref. Roedd gweld Ifan Jones fel delw ar ei garreg yn gymaint rhan o'r Traeth Bychan â'r clogwyni serth yr ochr arall i'r harbwr. Heddiw fodd bynnag, doedd neb o gwmpas mor fore â hyn i weld yr hen ŵr. Ifan Jones oedd yr unig ddyn byw ar y cei ac roedd o wrth ei fodd.

Eisteddodd Ifan Jones am hanner awr neu fwy yn mwynhau'r bore ac yn hel atgofion cyn iddo weld Tom Hughes, yr harbwr-feistr, yn cerdded tuag ato.

'Bore da, Ifan Jones,' meddai Tom Hughes yn siriol. 'Bore braf.'

'Bore da, Tom,' atebodd yr hen bysgotwr. 'Mae'r gwanwyn wedi cyrraedd o'r diwedd. Beth sy' wedi dy godi di o dy wely mor gynnar?'

'Cwch pysgota sy' ar ei ffordd i mewn yn llawn o benwaig cynta'r tymor.'

'Bobol annwyl! Oes 'na wir? Wel go dda, mi gawn ni

---

mulfran *cormorant*
hamddenol *leisurely*
delw *statue*
hel atgofion *reminisce*
siriol *cheerful*
pennog(penwaig) *herring(s)*

ginio blasus heddiw, felly.' Penwaig ffres ar ddiwrnod cynta'r gwanwyn oedd syniad Ifan Jones o'r nefoedd.

'Cawn, Ifan Jones,' meddai Tom Hughes, 'a fydd dim rhaid i ni aros yn hir chwaith. Welwch chi o allan fan'cw ar y gorwel? Mae'n well i mi frysio i baratoi'r lle glanio. Hwyl i chi.'

Cyn bo hir roedd yr harbwr a oedd mor llonydd lai nag awr yn ôl, mor brysur â phortladd Llundain! Roedd dynion yn rhuthro fel gwenyn i bob cyfeiriad, pob un â'i dasg arbennig ei hun. O'r diwedd daeth y cwch i mewn drwy'r bwlch ym muriau'r harbwr a thynnu'n araf at y cei. Roedd y pysgotwyr yn gweiddi'n uchel er mwyn i'r dynion ar y cei allu eu clywed uwchben dwndwr y peiriant. Ac roedd y gwylanod swnllyd, barus, yn heidio o amgylch y cwch gan ychwanegu at y cyffro. Cwch Trefor Hughes, brawd yr harbwr-feistr, ydoedd. Roedd Trefor yn bysgotwr profiadol, ac roedd ei lwyth yn dangos hynny. Yn fuan iawn, roedd basgedi mawr, brown, y dynion ar y cei yn orlawn o benwaig. Anadlodd Ifan Jones yn ddwfn. Byddai'r arogl cryf yn ddigon i droi stumog rhywun nad oedd yn gyfarwydd â'r gwaith, ond roedd yr arogl wrth fodd y

---

nefoedd *heaven*
gorwel *horizon*
gwenyn *bees*
bwlch *gap*
dwndwr *din*
peiriant *engine*
barus *greedy*
heidio *to swarm*

ychwanegu *to add*
llwyth *load*
gorlawn *overflowing*
arogl *smell*

10

pysgotwyr a'r gweithwyr ar y cei. Roedd yr arogl yma'n golygu bywoliaeth a llwyddiant a dyfodol i'r pentref. Ac wrth i'r newydd am gwch Trefor Hughes yn cyrraedd yr harbwr yn llawn o benwaig cynta'r gwanwyn, ledaenu o amgylch y pentref, brysiodd y pentrefwyr o un i un i lawr at y cei, fel gwenyn at bot mêl, i brynu'r pysgod ffres.

Pan oedd y prysurdeb ar y cei yn dechrau tawelu cerddodd Rhisiart Dafydd ac un neu ddau o'r pysgotwyr draw i gael sgwrs efo Ifan Jones a oedd wedi bod yn gwylio'r mynd a dod ar y cei o'i sedd arferol ar wal yr harbwr.

'Sut hwyl sy' arnoch chi heddiw, Ifan Jones? Bore braf,' meddai Owen Parry'n hwyliog. Roedd Owen Parry'n berchennog un o'r cychod yn yr harbwr ac roedd Iestyn, y bachgen ifanc oedd bob amser yn ei helpu ar y cwch, yn sefyll wrth ei ochr.

'Sut ydych chi'ch dau?' atebodd Ifan Jones. 'Ydy, mae hi'n fore go lew, wir.'

'Mi gafodd Trefor Hughes ddalfa dda o benwaig bore 'ma,' meddai Iestyn. 'Gobeithio cawn ni gystal lwc pan fyddwn ni'n mynd allan.'

'Ie, wir, Iestyn, mi allen ni wneud efo dalfa dda,' atebodd

---

golygu *to mean, to imply*
llwyddiant *success, prosperity*
dyfodol *future*
lledaenu *to spread*
pot mêl *honey jar*
prysurdeb *bustle*
gwylio *to watch*
hwyliog *in a good mood*

perchennog *owner*
go lew *pretty fair*
dalfa *catch*

Owen Parry'n ddifrifol, 'neu cerdded y stryd yn chwilio am waith byddwn ni'n dau.'

'Diar annwyl, mae'r hen gei 'ma wedi newid er pan oeddwn i yn dy oed di, Iestyn. Yr amser hwnnw, mi fyddai 'na bedair llong yn un rhes yn fan'cw yn cael eu dadlwytho, a ninnau'r bechgyn ifanc am y cynta yn swnian ar y capteiniaid i'n cymryd ni'n rhan o'r criw. Ydyn, wir, mae pethau wedi newid.'

'Yr hen Ifan yn meddwl mai fo ydy Jeremeia y bore 'ma, Iestyn,' meddai Rhisiart Dafydd, gan roi pwniad slei i'r bachgen yn ei asennau. Gwenodd hwnnw ar Rhisiart gan rwbio'i ochr.

'Wn i ddim, wir, Rhisiart Dafydd,' meddai Owen Parry. 'Dydy pethau ddim yn rhy dda ar hyn o bryd.'

'Twt twt, ddyn, ffydd sy' arnoch chi eisiau. Ble bydden ni heddiw, Ifan Jones, heb ffydd?'

'Digon gwir, Rhisiart. Ar waelod y môr, ddywedwn i,' atebodd Ifan Jones yn gyfeillgar.

Roedd Ifan a Rhisiart fel dau frawd. Roedd y ddau wedi bod yn bysgotwyr yng nghriw Tomos Williams am flynyddoedd, ac roedden nhw'n dal i fod yn ffrindiau agos. Tipyn o gymeriad oedd Rhisiart, ond roedd ei galon yn y lle iawn.

---

difrifol *serious*
dadlwytho *to unload*
swnian *to nag*
mai fo ydi *that he is*
pwniad *nudge*
slei *sly*
asen(nau) *rib(s)*
ffydd *faith*

cyfeillgar *friendly*

Pan ddaeth Ifan yn gapten ar y cwch ar ôl yr hen Domos, roedd Rhisiart wedi derbyn y sefyllfa'n ddigon hapus. Roedd o, fel pawb arall, wedi sylweddoli ers blynyddoedd fod deunydd capten da yn Ifan Jones. Roedd y ddau yn gymeriadau hollol wahanol, ond roedden nhw'n adnabod ei gilydd i'r dim.

'Mae pawb wedi codi allan heddiw, Rhisiart,' meddai Ifan.

'Ydyn, maen nhw mor farus â'r gwylanod 'ma.'

'Am bwy rydych chi'n siarad, Rhisiart Dafydd?' Llais y Parchedig Idris Jones, gweinidog Capel Galilea.

'O...o...neb yn arbennig, Mr Jones,' atebodd Rhisiart Dafydd yn ffwndrus.

Chwarddodd Ifan Jones ac edrychodd Rhisiart yn sarrug arno, a chafodd Iestyn drafferth i beidio â chwerthin.

'O, siarad efo mi fy hun roeddwn i, Mr Jones.'

Roedd Rhisiart Dafydd yn edrych mor ddiniwed a'r ŵyn oedd yn prancio ar y caeau ar ben y clogwyn uwchben yr harbwr.

'Ie, ie, Rhisiart Dafydd,' meddai'r hen weinidog yn bwyllog. 'Henaint ni ddaw ei hunan, ond cofiwch chi fod clyw rhai ohonon ni'n well na'i gilydd.'

---

sefyllfa *situation*
sylweddoli *to realize*
deunydd *stuff, material*
cymeriad(au) *character(s)*
i'r dim *exactly*
codi allan *to turn out*
parchedig *reverend*
gweinidog *minister*

ffwndrus *confused*
sarrug *surly*
trafferth *trouble*
diniwed *innocent*
pwyllog *unhurriedly*
henaint *old age*
gwell na'i gilydd *better than others*

Penderfynodd Ifan Jones y byddai'n well troi'r stori.

'Wedi dod i brynu penwaig, Mr Jones? Dalfa dda gan Trefor heddiw.'

'Oes, wir, dalfa dda iawn,' cytunodd Owen Parry.

'Wel, a dweud y gwir wrthoch chi, rydw i wrth fy modd efo penwaig, ond dydy Iris y wraig ddim yn meddwl eu bod nhw'n dda i mi. Gormod o saim, wyddoch chi. Ac mae hi mor eiddil, druan, mae'r arogl yn troi arni hi.'

'Eiddil, myn brain i!' ebychodd Rhisiart Dafydd o dan ei anadl. 'Mae gan honno gyfansoddiad fel rheinoseros!'

'O, dowch, dowch, Mr Jones, does 'na ddim byd gwell i ddyn na phenwaig wedi'u ffrio mewn mwstard,' meddai Rhisiart yn uchel y tro hwn.

'Nac oes, wir,' cytunodd Iestyn. 'Fy nefoedd i ydy llond plât o benwaig wedi eu ffrio gan mam.'

Chwarddodd pawb yn galonnog.

'Wel, nid yr un ydy syniad pawb am y nefoedd, Iestyn bach,' meddai'r gweinidog yn bwyllog. 'Ond mae'n rhaid i mi ddweud fy mod i'n cael fy nhemtio.'

'Pam na phrynwch chi un neu ddwy i chi'ch hun?' pwysodd Rhisiart Dafydd arno.

'O, na! Allwn i ddim. Fyddai Iris ddim yn hoffi hynny.

---

cytuno *to agree*
eu bod nhw *that they are*
gormod *too much*
saim *fat*
eiddil *frail*
myn brain i! *[mild oath]*, *my foot!*
ebychu *to interject*
cyfansoddiad *constitution*

ffrio *to fry*
calonnog *hearty*
temtio *to tempt*
pwyso *to press*

Dydy hi ddim yn hoffi dim rydw i'n ei hoffi,' meddai'r hen weinidog yn drist.

'Oes rhaid i chi wneud popeth mae Mrs Jones yn ddweud wrthoch chi am wneud?' holodd Rhisiart Dafydd yn ddireidus. 'Mae'n rhaid i ddyn sefyll ar ei draed ei hun weithiau. Dangoswch iddi pwy ydy'r meistar yn y Mans!'

'O allwn i byth, Rhisiart Dafydd, mae Mrs Jones wedi bod mor dda wrtha i.'

'O, dowch, dowch, Mr Jones bach, fyddai prynu pennog neu ddau ddim yn digio cymaint â hynny arni hi.'

'Wel, na...efallai na fyddai un neu ddau ddim yn gwneud llawer o ddrwg. A dydw i ddim wedi blasu penwaig ers blynyddoedd. Mi fyddwn i'n gallu dweud fy mod i wedi'u cael nhw'n anrheg, allai hynny wneud dim drwg,' meddai'r gweinidog yn llawn gobaith.

'Mi wn i be' wna i, Mr Jones. Mi a' i draw i'r cei y munud 'ma a phrynu dau i chi,' meddai Rhisiart Dafydd. 'Mi fydden nhw'n anrheg iawn wedyn, a fyddai dim rhaid i weinidog Capel Galilea ddweud celwydd wrth ei wraig.'

Chwarddodd y gweinidog yn galonnog. 'Wel, ie, ie, Rhisiart Dafydd. Pam lai? Mae hi'n hen bryd i mi ddangos i Mrs Jones fod 'na fwy nag un bugail ar fryniau Galilea! Ia,

---

trist *sad*
holi *to inquire*
digio *to offend*
fy mod i wedi *that I have*
anrheg *gift*
gobaith *hope*
celwydd *untruth*
pam lai? *why not?*

hen bryd *overdue*
bugail *shepherd*
bryn(iau) *hill(s)*

15

dowch yn eich blaen, Rhisiart Dafydd, rydw i'n gallu clywed arogl y penwaig 'na'n ffrio'r munud 'ma. Dowch, ddyn! Brysiwch!'

Cerddodd y Parchedig Idris Jones a'r hen bysgotwr yn gyflym draw at gwch pysgota Trefor Hughes.

Chwarddodd y dynion eraill wrth feddwl am wyneb Mrs Iris Jones y Mans pan fyddai hi'n gweld ei gŵr yn cyrraedd adref efo'r penwaig. Mewn munud neu ddau, daeth y ddau yn ôl.

'Wel, hwyl i chi fechgyn, rydw i'n mynd i fwynhau fy nghinio heddiw. Cofiwch ddod i'r capel ddydd Sul.'

'Hwyl, Mr Jones,' meddai pawb yn siriol.

Dechreuodd Rhisiart Dafydd ganu rhyw emyn oedd yn sôn am ferthyron, ond roedd rhywbeth arall ar feddwl Owen Parry.

'Beth ydych chi'n feddwl o'r gwaith newydd 'ma, Ifan Jones?' gofynnodd ar ôl munud neu ddau.

'Wel, wn i ddim, wir. Mi ddaw â digon o waith i'r ardal 'ma, mae hynny'n wir. Ond be' fydd y gost, tybed? Alla i ddim peidio â meddwl fod y peth wedi dod yn rhy hawdd.'

'Wel, wir, Ifan, rwyt ti'n rêl Jeremeia heddiw; does dim byd yn dy blesio di. Beth allai fod yn well i'r ardal 'ma na

---

brysiwch! *hurry!*
hwyl i chi *good luck to you*
emyn *hymn*
merthyr(on) *martyr(s)*
tybed *I wonder*
hawdd *easy*
rêl *real*
plesio *to please*

ffatri gwneud penwaig coch? Rydw i'n hoff iawn o benwaig coch. Mi fydd yr hen le 'ma'n deffro pan ddaw hi.'

'Bydd, wir, Rhisiart Dafydd,' meddai Iestyn yn eiddgar, 'ac mi fydd eisiau llawer iawn o bysgotwyr ar y cwmni er mwyn cael digon o bysgod ar gyfer y ffatri. Fydd dim rhaid i ni'r bechgyn ifanc fod heb waith wedyn.'

'Digon gwir, Iestyn. Ac mi fydd yr hen harbwr 'ma'n llawn o gychod pysgota unwaith eto. Fel yr hen ddyddiau, yntê Ifan?'

'Ie, Rhisiart, fel yr hen ddyddiau,' meddai Ifan Jones gan edrych yn hiraethus o amgylch yr harbwr. 'Dyddiau da oedd rheini, Iestyn, pawb yn gweithio a'r harbwr bob amser yn brysur. Bobol bach, roedden nhw'n ddyddiau da!'

'Efallai y cawn ni ddyddiau da yn Nhraeth Bychan unwaith eto pan fydd y ffatri wedi agor. Mae hi'n hen bryd iddyn nhw ddod hefyd!' meddai Owen Parry.

'Wel, mae heddiw am fod yn ddiwrnod da, beth bynnag,' meddai Rhisiart Dafydd, 'ac mae hi bron ym amser cinio. Mae'n well i ni fynd i ddangos y badell ffrio i'r penwaig 'ma.'

'Sut mae Mrs Jones y Mans yn eu paratoi nhw, tybed?' gofynnodd Iestyn wrth gychwyn am adref wrth sodlau Owen

---

penwaig coch *kippers*   sodlau *heels*
eiddgar *ardent*
cwmni *company*
unwaith eto *once again*
hiraethus *longingly*
dangos *to show*
padell ffrio *frying pan*
paratoi *to prepare*

Parry.

'Efo digon o finigar, Iestyn bach. Efo digon o finigar!' atebodd Rhisiart Dafydd gan chwerthin yn braf.

Cerddodd y criw bychan yn araf i fyny'r llwybr serth o'r cei yn ôl i'w cartrefi, gan adael Ifan Jones ar ei ben ei hun unwaith eto. Curodd ei getyn yn bwyllog ar y garreg a chodi yn araf o'i sedd.

'Ydy, wir. Mae hi'n fore o wanwyn braf heddiw, a gobeithio bydda i fyw yn ddigon hir i weld gwanwyn yn cyrraedd bywyd y pentref 'ma hefyd,' meddai wrtho'i hun.

---

finigar *vinegar*
llwybr *path*
sedd *seat*

18

Pennod 3

Cafodd Margied ei deffro gan haul cryf y bore. Edrychodd yn ddioglyd ar ei chloc larwm. Roedd hi'n naw o'r gloch, ac roedd y tŷ yn dawel. Roedd ei mam wedi mynd i fwrw'r Sul at ei chwaer yn Llandudno ac roedd Margied wedi cael y tŷ iddi hi ei hun. Cerddodd yn noethlymun i'r ystafell ymolchi a chamodd yn gysglyd o dan y gawod. Roedd hi'n falch nad oedd ei mam gartref. Roedd hi'n hoffi bod ar ei phen ei hun, ac roedd hi'n edrych ymlaen at dreulio'r diwrnod yn gwneud beth bynnag yr hoffai hi ei wneud.

Cofiodd yn sydyn am ei threfniadau am y dydd. Roedd Harri yn galw yn y tŷ am un ar ddeg. Byddai'n rhaid iddi frysio; roedd arni hi eisiau bod yn barod pan fyddai Harri'n cyrraedd. Daeth gwên dros wyneb Margied wrth iddi feddwl am ei chariad. Roedd hi a Harri wedi cael eu geni a'u magu yn y pentref, ac wedi mynd i'r un ysgol ac i'r un capel pan oedden nhw'n blant. Er bod y ddau wedi bod yn aelodau o'r un criw o blant a phobl ifanc, dim ond tua phedair blynedd yn ôl roedd Margied wedi dechrau sylwi o ddifrif fod Harri wedi tyfu'n fachgen ifanc tal a golygus.

---

deffro *to awake*
dioglyd *lazy*
bwrw'r Sul *to spend the weekend*
noethlymun *stark naked*
cawod *shower*
trefniadau *arrangements*
galw *to call*
aelod(au) *member(s)*

sylwi *to notice*
o ddifrif *in earnest*
golygus *handsome*

Tua'r un amser roedd Harri wedi sylwi bod Margied Thomas, y ferch fach oedd yn yr un dosbarth â fo yn yr ysgol a'r ysgol Sul, wedi tyfu'n un o ferched prydferthaf yr ardal. Un noson pan oedd y criw ar ei ffordd adref o'r sinema yn y dref, roedd y ddau wedi eistedd wrth ochr ei gilydd yn y bws ac roedd Harri wedi cerdded adref law yn llaw â hi a'i chusanu wrth ddweud 'nos da' ar garreg y drws. Er y noson honno, roedd Margied a Harri wedi bod yn gariadon ac wedi cilio'n raddol o gwmni gweddill y criw.

Sychodd Margied ei hun a cherdded yn gwbl effro o'r ystafell ymolchi. Gwisgodd amdani yn ofalus cyn mynd i lawr y grisiau i'r gegin gan fwmian canu. Roedd clychau eglwys y pentref yn canu yn y pellter, fel pe baent yn ceisio ei hatgoffa ei bod hi'n fore Sul. Doedd hi ddim yn gallu cofio pryd buodd hi yng Nghapel Galilea ddiwethaf. Byddai'n mynd yno ddwywaith bob Sul pan oedd hi'n blentyn, ond erbyn hyn, fel llawer o bobl ifanc eraill y pentref, roedd hi'n casáu mynd yno i eistedd ar y seddau caled i wrando ar bregethau diflas yr hen weinidog hirwyntog, y Parchedig Idris Jones.

Cerddodd at y ffenestr i gael cipolwg ar y tywydd. Roedd yr haul yn tywynnu'n braf ac allai hi ddim gweld yr un

---

dosbarth *class*	atgoffa *to remind*
prydferthaf *most beautiful*	ddwywaith *twice*
graddol *gradual*	pregeth(au) *sermon(s)*
gweddill *remainder*	diflas *boring*
yn gwbl *completely*	hirwyntog *long winded*
clychau *bells*	cipolwg *glimpse*
pellter *distance*	tywynnu *to shine*
fel pe baent *as if they were*	

cwmwl yn yr awyr las. Aeth yn ôl i'r gegin ac eisteddodd wrth y bwrdd i yfed ei choffi. Ymhen pum munud, gwelodd ben cyrliog Harri yn pasio'r ffenestr. Roedd o'n brydlon, fel bob amser. Doedd dim rhaid iddo fo guro ar y drws.

'A sut mae 'nghariad i'r bore 'ma?' gofynnodd Harri yn wên o glust i glust.

'Yn well ar ôl i ti gyrraedd,' atebodd Margied yn chwareus.

Rhoddodd ei breichau am ei wddf cryf a rhoddodd Harri ei freichiau yntau o amgylch ei chanol siapus. Cusanodd y ddau fel pe baen nhw heb weld ei gilydd ers oesoedd. Cydiodd Harri ynddi'n dynnach; roedd arno fo eisiau gafael ynddi am byth. O'r diwedd camodd Margied yn ôl.

'Rho siawns i mi orffen fy nghoffi.'

'Coffi? Mae hwnna'n swnio'n syniad da,' meddai Harri.

'Oes 'na siawns am baned i mi, plîs?'

Ar ôl i Margied wneud cwpanaid arall o goffi, eisteddodd y ddau wrth y bwrdd.

'Wel, a be' ydy'r trefniadau a gyfer heddiw?' gofynnodd Harri. 'Mi fyddai hi'n ddiwrnod hyfryd i orwedd ar y traeth ac i nofio. Ac efallai y cawn ni fynd allan am awr neu ddwy i bysgota penwaig yn yr hen *Gadwaladr*. Maen nhw sôn fod

---

cwmwl *cloud*
cyrliog *curly*
prydlon *punctual*
gwddf *neck*
cydio *to take hold*
siawns *chance*
hyfryd *pleasant*

21

'na ddigon o benwaig allan yn y bae eleni...'

Edrychodd Margied yn flin a chwarddodd Harri. Roedd o'n gwybod yn iawn nad oedd hi'n hoff o'r môr ac na fyddai hi byth yn breuddwydio am dreulio diwrnod ar y traeth, heb sôn am fentro allan mewn cwch.

Cyn i'r ddau ddod yn gariadon, byddai Harri, fel pob un o fechgyn y pentref, wrth ei fodd yn trin y cychod yn yr harbwr ac yn hwylio allan o dro i dro i bysgota. Ac roedd ganddo ei gwch ei hun, *Cadwaladr*, hen gwch ei dad. Roedd Harri wedi treulio oriau yn ei lanhau ac yn ei beintio. Cyn iddo ddod i adnabod Margied, *Cadwaladr* oedd cannwyll ei lygad. Bellach roedd o wedi addo i Margied na fyddai o byth yn mynd allan mewn cwch eto, ac er mor hoff o'r môr oedd o, teimlai nad oedd hynny'n ormod o bris i'w dalu am hapusrwydd y ferch roedd o'n ei charu gymaint.

'Anghofia di am y traeth a'r hen fôr 'na, Harri Pritchard! Rydyn ni'n mynd am dro i Goed Pencraig heddiw,' meddai Margied yn bendant, er ei bod hi'n gwybod yn iawn mai tynnu ei choes hi roedd Harri, 'ac mi gawn ni bicnic yno a gorwedd i dorheulo yn yr haul bendigedig 'ma.'

'Iawn, gwych,' atebodd Harri gan orffen ei gwpanaid coffi.

---

bae *bay*	peintio *to paint*
eleni *this year*	cannwyll llygad *pupil of the eye*
blin *irritable*	addo *to promise*
breuddwydio *to dream*	pendant *emphatic*
trin *to handle*	bendigedig *blessed, gorgeous*
hwylio *to sail*	gwych *splendid*
o dro i dro *from time to time*	
glanhau *to clean*	

Tra oedd Harri'n golchi'r cwpanau coffi, gwnaeth Margied y fasged bicnic yn barod. Yna, i ffwrdd â'r ddau gan droi eu cefnau at y môr a dringo'r llwybr serth i fyny'r mynydd i Goed Pencraig. Roedd y gwres yn annioddefol ac roedd y ddau'n chwys mawr erbyn iddyn nhw gyrraedd y coed. Daeth Harri o hyd i lecyn bach tawel allan o olwg pawb a phopeth, a gorweddodd y ddau yno yng nghysgod y coed yn hanner cysgu. Ar ôl iddyn nhw ddadflino, tynnodd Margied y bwyd o'r fasged a chawsant flas ar eu picnic yn yr awyr iach, cyn gorwedd eto wrth ochrau ei gilydd i syllu i fyny i'r awyr las ac i sgwrsio'n hamddenol am un peth a'r llall.

Yn sydyn, cafodd Harri ei ddeffro gan ddiferyn mawr o law ar ei drwyn, ac mewn munud neu ddau roedd hi'n arllwys y glaw. Roedd y tywydd wedi newid yn sydyn, a chymylau terfysg mawr du wedi hel uwch eu pennau. Casglodd y ddau eu pethau at ei gilydd a rhedeg nerth eu traed i lawr y mynydd. Ond roedden nhw'n wlyb at eu crwyn ymhell cyn iddyn nhw gyrraedd y tŷ.

Agorodd Margied y drws a rhuthrodd y ddau i mewn i newid eu dillad gwlyb rhag ofn iddynt gael annwyd. 'Roeddwn i'n ofni y byddai'r tywydd yn troi fel hyn, fe

---

gwres *heat*
annioddefol *unbearable*
llecyn *place, spot*
cysgod *shade, shadow*
cael blas *to enjoy*
diferyn o law *a drop of rain*
arllwys *to pour*
terfysg *thunder*

nerth eu traed *as fast as they could*
croen(crwyn) *skin(s)*
rhag ofn *in case, lest*
annwyd *a cold*

ddwedodd y dyn tywydd ar y radio bydden ni'n cael terfysg,' meddai Harri.

Taniodd Margied y tân trydan cyn rhedeg i fyny'r grisiau i chwilio am dywelion. Dechreuodd Harri dynnu ei ddillad. 'Mae pob cerpyn yn socian!' meddai Harri. 'Hyd yn oed fy nhrons i!'

'Paid â phoeni,' chwarddodd Margied. 'Wna i ddim edrych os wyt ti'n swil...'

'Pwy sy'n swil?' atebodd Harri gan wenu'n gellweirus a phlygodd i'w tynnu oddi amdano. Chwibanodd Margied yn bryfoclyd a dechreuodd hithau ddadwisgo.

Estynnodd Harri ei law am dywel sych arall a dechrau sychu ei goesau blewog main ac yna ei gefn. Gwych, roedd o'n sych o'r diwedd. Penliniodd o flaen y tân trydan i geisio sychu ei wallt.

'Rydyn ni'n lwcus ofnadwy nad ydy Mam ddim adre,' meddai Margied.'Mi fyddai hi'n cael sioc farwol pe bai hi'n ein gweld ni'n dau fel hyn.'

'Does 'na ddim byd o'i le i ddau sy'n caru ei gilydd fod yn noethlymun,' meddai Harri. 'Does arna i ddim cywilydd. Oes arnat ti? Mi fuodd dy dad a dy fam di'n gariadon unwaith, fel ninnau.'

---

cerpyn *rag*
trons *underpants*
swil *shy*
cellweirus *jocular*
plygu *to bend*
chwibanu *to whistle*
blewog *hairy*
main *slim*

penlinio *to kneel*
dim byd o'i le *nothing wrong*
cywilydd *shame*
ninnau *the two of us*

Eisteddodd y ddau ar y llawr gyda'u cefnau yn erbyn y gadair freichiau o flaen y tân trydan. Roedd Harri'n teimlo'n swil ac anghysurus iawn, ond doedd arno fo ddim eisiau i Margied wybod hynny. Ceisiodd roi'r argraff ei fod yn llawn hyder. Hoeliodd ei lygaid ar wyneb tlws Margied a cheisio osgoi edrych ar weddill ei chorff, ond roedd ei lygaid yn mynnu crwydro'n is ac yn is at ei bronnau siapus. Roedd ar dân eisiau gafael ynddi a theimlo ei chorff yn erbyn ei groen. Ond doedd o ddim yn gallu perswadio ei gorff i symud modfedd.

Edrychodd i ganol llygaid glas Margied, a gwenodd hithau arno. Roedd yn teimlo'n fwy anghysurus bob munud. Chwiliodd am rywbeth i'w ddweud, ond doedd o ddim yn gallu meddwl am ddim byd ond am harddwch corff Margied wrth iddi eistedd yno yng nghochni'r tân. Roedd hi mor siapus a deniadol. Roedd arno eisiau gafael ynddi yn angerddol. Crwydrodd ei lygaid at ei bronnau llawn unwaith eto. Ceisiodd ymladd yn erbyn y demtasiwn, ond roedd ei gorff ar dân eisiau ei charu'n wyllt. Beth oedd yn mynd drwy feddwl Margied, tybed? Oedd hi'n gwybod bod ei chorff yn ei gyffroi a'i demtio? Symudodd ei goes yn araf nes cyffwrdd â'i choes hithau. Edrychodd arni'n ansicr,

---

anghysurus *uncomfortable*
argraff *impression*
hyder *confidence*
hoelio *to nail, to fix*
osgoi *to avoid*
crwydro *to stray*
bron(nau) *breast(s)*
modfedd *inch*

deniadol *attractive*
angerddol *passionate*
cyffwrdd a *to touch*
ansicr *uncertain*

a gwenodd hithau arno â'i llygaid. Roedd y dau fel delwau, yn ceisio darllen meddyliau ei gilydd. Yn sydyn, cododd Margied a gafael yn ei law. Cododd Harri ar ei draed a gadael iddi ei arwain yn araf i fyny'r grisiau i'w hystafell wely.

Gorweddodd y ddau ar y gwely a chusanu ei gilydd yn wyllt drosodd a throsodd. Gallai Harri deimlo bronnau Margied yn gwasgu yn erbyn ei frest. Symudodd ei ddwylo ar hyd ei chorff yn dyner a gwingodd y ddau gan bleser.

Y tu allan, roedd y glaw yn taro'n wyllt yn erbyn y ffenestr.

---

arwain *to lead*
tyner *gentle*
gwingo *to writhe*

Pennod 4

Roedd pentref Traeth Bychan yn dawel ac yn llonydd y bore wedi'r storm. Roedd y gwynt wedi tawelu yn ystod y nos, ac erbyn naw o'r gloch doedd dim mwy nag awel ysgafn yn chwythu.

Brysiodd Jane drwy'r strydoedd cul tuag at y siop. Doedd arni hi ddim eisiau bod yn hwyr y bore yma eto. Pan oedd hi'n agor drws cefn y siop, clywodd gloc yr eglwys yn taro naw o'r gloch. Gollyngodd Jane ochenaid o ryddhad. Doedd hi ddim yn hwyr wedi'r cyfan.

'Bore da, Mr Gruffudd.'

'O, bore da, Jane. Dim ond cael a chael i gyrraedd mewn pryd heddiw eto, rwy'n gweld,' meddai'r siopwr gan wenu'n gellweirus.

'Ie, ac mae hynny'n rhyfeddod, Mr Gruffudd. Chysgais i'r un winc drwy'r nos neithiwr oherwydd y storm ofnadwy 'na.'

'Fe fues innau'n effro am oriau hefyd. Roedd hi'n noson arw iawn. Oedd, wir! Welsoch chi ryw olwg o Karen ar eich ffordd?'

---

cul *narrow*
gollwng ochenaid o ryddhad *to sigh with relief*
wedi'r cyfan *after all*
cael a chael *touch and go*
mewn pryd *in time*
rhyfeddod *wonder*
oherwydd *because*

garw *rough*
rhyw olwg *any sign*

27

'Naddo, welais i ddim golwg ohoni, ond mae'n siŵr bydd hi yma cyn bo hir i chi.'

'Wel, mae'n well i ni ddechrau ar y gwaith 'ma. Ewch chi i'r siop, Jane, mae'n rhaid i mi fynd i'r stordy i gael golwg ar y stoc.'

'O'r gorau, Mr Gruffudd,' meddai Jane gan wisgo ei hoferôl gwyn a mynd drwy'r drws oedd yn arwain i'r siop.

Datglôdd y drws a chodi'r llenni oddi ar y ffenestri. Doedd hi ddim yn siop fawr iawn, ond roedd hi'n gwerthu tipyn o bopeth at anghenion pobl y pentref. Roedd y cownter gyferbyn â'r drws ac roedd y silffoedd yn rhedeg o amgylch y muriau. Roedd y silffoedd yn llawn o bob math o bethau o'r llawr i'r nenfwd. Ar ochr chwith y drws roedd cownter arbennig y swyddfa bost, ac ar y dde roedd y sachau tatws a'r llysiau eraill.

Ymhen tua deng munud, rhuthrodd Karen, y ferch arall oedd yn gweithio yn y siop, drwy'r drws â'i gwynt yn ei dwrn.

'O, Jane, rydw i'n hwyr. Methu'n lân â chysgu am oriau neithiwr o achos y storm ofnadwy 'na, a methu'n lân â deffro'r bore 'ma! Ble mae Gruff? Mae'n well i mi fynd i ddweud fy mod i wedi cyrraedd a bod yn ddrwg gen i fy

---

stordy *warehouse*
o'r gorau *very well*
datgloi *to unlock*
llenni *curtains*
tipyn *a little*
anghenion *needs*
cownter *counter*
gyferbyn *opposite*

silffoedd *shelves*
nenfwd *ceiling*
swyddfa bost *post office*
sacha(au) *sack(s)*
llysiau *vegetables*
â'i gwynt yn ei dwrn *breathlessly*
methu'n lân *to fail completely*
neithiwr *last night*

mod i mor hwyr.'

'Mae o allan yn y cefn yn y stordy yn cyfri'r stoc,' atebodd Jane gan chwerthin.

Wrth i Karen fynd drwy'r drws i gefn y siop, cyrhaeddodd cwsmer cyntaf y bore, Mrs Jones, Y Ddôl.

'Bore da, Jane. Wedi dod i nôl fy mhensiwn. Noson wyllt ofnadwy neithiwr. Chlywais i ddim storm fel'na ers blynyddoedd.'

'Oedd, wir, Mrs Jones, roedd hi'n storm ofnadwy,' a symudodd Jane y tu ôl i gownter y post.

'Glywsoch chi am y ddamwain?'

'Pa ddamwain, Mrs Jones?'

'Cwch Owen Parry, chlywsoch chi ddim? Maen nhw wedi dod o hyd iddo fo ar y traeth y bore 'ma.'

'Peidiwch â dweud! Pwy oedd wedi mynd â fo allan?'

'Iestyn, y bachgen 'na sy'n gweithio i Owen Parry. Roedd o wedi mynd allan ar ei ben ei hun, cofiwch. Druan ohono fo.'

'Ie, Iestyn druan. Pwy sy' efo'r teulu? Ydyn nhw wedi mynd allan i chwilio amano fo?'

'O ydyn, ers oriau, ond does dim llawer o obaith y daw neb o hyd i'r creadur bach yn fyw.'

---

cyfri *to count*
cwsmer *customer*
pensiwn *pension*
damwain *accident*
dod o hyd *to find*
creadur *creature*

Cerddodd Margied yn gyflym ar draws y ffordd ac i mewn i'r siop. Er bod y gwynt wedi tawelu, roedd hi'n dal i fod yn ddigon oer ac roedd hi'n falch o droi i mewn i'r siop i gynhesu.

'Helô, Margied, sut hwyl?' meddai Jane o'r tu ôl i gownter y post.

Stampiodd Jane lyfr pensiwn Mrs Jones ac estyn y llyfr a'r arian iddi, ac aeth hithau yn ôl i'r Ddôl yn ddigon bodlon ei byd am wythnos arall.

'Wel, Margied, beth alla i wneud i ti heddiw?' gofynnodd Jane yn siriol wrth fynd yn ôl at y cownter arall.

'O, does arna i ddim eisiau llawer bore 'ma. Dim ond rhyw fanion. Ga i bwys o fenyn, pum pwys o datws, tun o bolis ddodrefn a chwarter pwys o gyflaith, os gweli di'n dda, Jane?'

'Iawn. Pwys o fenyn. Tun o bolis. Aros am eiliad i mi bwyso'r tatws 'ma. O, dyna chdi, Karen. Pwysa chwarter pwys o gyflaith i Margied, os gweli di'n dda.'

'Iawn, Jane. Helô, Margied, sut wyt ti?'

'Iawn, diolch. Braidd yn flinedig ar ôl neithiwr.'

'O, a beth fuost ti'n wneud neithiwr felly?' chwarddodd Karen.

---

dal *to continue*	cyflaith *toffee*
cynhesu *to warm up*	braidd *rather*
sut hwyl? *how are you?*	blinedig *tired*
bodlon *content*	
manion *trifles*	
menyn *butter*	
pwys *pound*	
dodrefn *furniture*	

Cochodd Margied ac ateb yn frysiog, 'Methu cysgu yn y storm ofnadwy 'na, siŵr iawn, fel pawb arall.'

'Ia, mi wn i. Roeddwn i'n hwyr yn cyrraedd y siop bore 'ma o achos y storm. Lwc bod tymer go dda ar yr hen Gruff!'

'Roedd hi'n noson arw iawn, y storm fwya ers blynyddoedd meddai Rhisiart Dafydd, pan welais i o ar fy ffordd yma. O, rydw i'n casáu'r hen fôr 'na. Neithiwr roedd o'n berwi fel crochan, ac edrychwch arno fo'r bore 'ma mor llonydd â llyn hwyaid. Druan o Iestyn!'

'A druan o'i fam o. Wyt ti'n gwybod beth yn union ddigwyddodd, Margied?' gofynnodd Jane.

'Wel, ddim yn iawn. Ond mae'n debyg i Iestyn fynd allan ar ei ben ei hun yng nghwch Owen Parry ddoe i geisio cael dalfa o benwaig yr un fath â Trefor Hughes. Doedd Owen ddim yn gwybod ei fod o wedi mynd. Fydda Owen Parry byth yn meddwl am fynd i bysgota ar ddydd Sul. Ac mi ddaeth y storm 'na mor sydyn, heb i neb ei disgwyl hi. Mi aeth y bad achub allan i chwilio amdano fo yng nghanol y storm neithiwr, ond doedd dim golwg ohono fo. A'r bore 'ma maen nhw wedi dod hyd i'r cwch yn wag ar y traeth. Druan o'i fam o, mi gafodd ei dad ei foddi ar y môr hefyd

---

brysiog *hasty*
tymer *temper*
berwi *to boil*
crochan *cauldron*
llyn hwyaid *duck pond*
yn union *exactly*
mae'n debyg *it seems*
bad achub *lifeboat*

gwag *empty*
cael ei foddi *to be drowned*

pan oedd Iestyn yn fabi.'

'Do, rydw i'n cofio clywed Mam yn sôn am hynny. Rwyt ti'n iawn, Margied, mae'r hen fôr 'na'n gallu bod yn ofnadwy o greulon wrth rai teuluoedd.'

'Diolch i Dduw nad ydy Harri ddim yn bysgotwr, beth bynnag!' meddai Margied. 'Fyddwn i ddim yn gallu byw yn fy nghroen wrth feddwl y galla rhywbeth ddigwydd iddo fo unrhyw dro bydda fo'n mynd allan o'r harbwr 'ma. Does dim rhyfedd bod y môr 'na wedi codi ofn arna i er pan oeddwn i'n ferch fach. O, wel, dyna ddigon o siarad. Mae'n well i mi gychwyn am adre. Faint sy' arna i am y neges, Jane?'

'Punt ac wyth deg ceiniog, os gweli di'n dda.'

'Diolch yn fawr, Jane. Hwyl i chi'ch dwy!'

Cerddodd Marged allan o'r siop ac i lawr y ffordd i gyfeiriad yr harbwr. Roedd ei meddwl yn bell. Allai hi ddim peidio â meddwl am Iestyn a'i fam. Roedd hi'n dal i glywed sŵn y storm. Gallai weld y môr yn taranu o flaen ei llygaid a chlywed sgrechiadau dynion yn boddi yn ei chlustiau. Deffrôdd yn sydyn o'i hunllef a sylweddolodd fod rhywun yn brysio ar ei hôl ac yn galw ei henw.

---

creulon *cruel*
teuluoedd *families*
neges *goods*
taranu *to thunder*
sgrechiadau *screams*
hunllef *nightmare*

32

Trodd yn ôl i wynebu Harri a rhoddodd yntau ei freichiau amdani a'i gwasgu'n dynn.

'Margied fach! Ble roedd dy feddwl di? Roeddet ti'n edrych fel dynes yn cerdded yn ei chwsg.'

'O, Harri. Meddwl am y storm neithiwr ac am Iestyn a'i fam druan.' Daeth rhyw gryndod drosti a dechreuodd grio. Cusanodd Harri hi'n dyner i geisio ei chysuro. 'Tyrd, pwt, mi awn ni am dro bach. Ac mae gen i newyddion da iawn i ti.'

Ceisiodd Margied sychu ei dagrau. Roedd hi'n teimlo'n ddiogel ym mreichiau ei chariad. Roedd ei weld yn cynnau rhyw dân y tu mewn iddi. Rhoddodd ei breichiau am ei wddf a'i gusanu'n wyllt. Doedd pobl Traeth Bychan ddim yn arfer cusanu ar y stryd yng ngolau dydd, yn arbennig ar fore Llun! Ond doedd dim gwahaniaeth gan Margied.

Cerddodd y ddau law yn llaw heb ddweud gair nes iddyn nhw adael y pentref. Eisteddodd y ddau yng nghysgod hen wal gerrig.

'Wel, a beth ydy'r newyddion da 'ma?' gofynnodd Margied.

'Aros nes byddi di'n clywed. Mi fyddi di wrth dy fodd!'

'Wel, rydw i wedi aros! Dwed wrtha i, Harri.'

---

cryndod *shudder*
mynd am dro *to go for a walk*
dagrau *tears*
diogel *safe*
cynnau *to ignite*
doedd dim gwahaniaeth gan M.
M. *did not care*

'Fe es i i'r dre bore dydd Gwener, fel rwyt i'n gwybod.'

'Do, do. Dos yn dy flaen.'

'Nid mynd yno i siopa roeddwn i, fel roeddet ti'n meddwl, ond i chwilio am waith. Roedd cwmni'r ffatri trin pysgod newydd yn cynnal cyfweliadau. Felly, mi es i yno i weld beth oedd ganddyn nhw i'w gynnig. A choeli di byth, Margied!'

'Na wna, os nad wyt ti'n mynd i ddweud wrtha i!' meddai Margied ar fin colli ei hamynedd erbyn hyn.

'Mi ges i lythyr oddi wrthyn nhw bore 'ma, ac rydw i wedi cael gwaith fel swyddog diogelwch efo'r cwmni!' meddai Harri'n wên o glust i glust.

'O, Harri,' meddai Margied, 'wn i ddim beth i'w ddweud. O, rydw i mor falch.' Roedd Harri wedi bod allan o waith ers bron i ddwy flynedd ac roedd Margied yn gwybod yn iawn gymaint roedd hynny'n ei boeni. Rhoddodd glamp o gusan iddo.

'O, ie, mae 'na un peth arall,' meddai Harri'n bwyllog gan betruso ychydig cyn mynd yn ei flaen. 'Mi fydd yn rhaid i mi fynd allan ar y cychod pysgota ambell waith.'

Neidiodd Margied ar ei thraed fel pe bai hi wedi cael ei tharo. 'Na, Harri!' gwaeddodd.

---

cyfweliadau *interviews*	ambell waith *sometimes*
cynnig *to offer*	
choeli di byth *you'll never believe*	
amynedd *patience*	
llythyr *letter*	
swyddog diogelwch *safety officer*	
clamp o gusan *a huge kiss*	
petruso *to hesitate*	

Edrychodd Harri'n syn arni.

'Ond Margied bach, paid â bod mor wirion.'

'Gwirion? Fi'n wirion? Harri, rwyt ti wedi addo peidio â mynd i'r môr byth.'

'Ond, Margied, dim ond ambell dro bydda i'n mynd. Ar y tir mae'r gwaith y rhan fwya o'r amser...'

'Ond, Harri!' torrodd Margied ar ei draws. 'Mi allai un fordaith fod yn ormod. Wyt ti ddim yn cofio beth sy' wedi digwydd i Iestyn?'

'Margied, paid â bod mor ddramatig! Fydda i ddim yn mynd allan fwy nag unwaith yr wythnos.'

'Alli di ddim meddwl amdana i am funud? Beth wyt ti'n feddwl wna i pan fyddi di allan ar y môr unwaith yr wythnos?'

'Ond, Margied, beth am i ti feddwl am fy hapusrwydd i am unwaith? Rydw i'n caru'r môr. Roedd arna i eisiau bod yn bysgotwr er pan oeddwn i'n blentyn bach. Yr unig reswm pam rydw i wedi peidio â chwilio am waith efo un o bysgotwyr y pentre 'ma ydy 'mod i'n dy garu di. Margied fach, does arna i ddim eisiau gwneud dim byd i dy frifo di.'

'Dim eisiau fy mrifo fi? Hy!' ebychodd Margied. 'O, Harri, fyddet ti ddim yn gallu gwneud dim i fy mrifo fi'n

---

yn syn *amazed*
gwirion *foolish*
mordaith *voyage*
rheswm *reason*
brifo *to hurt*

fwy na mynd allan ar y môr,' meddai'n dawelach. 'Harri, os wyt ti'n fy ngharu fi, paid â derbyn y swydd 'na. Rydw i'n erfyn arnat ti. Wnei di addo i mi, Harri?'

'Ond, Margied, alla i ddim addo. Ddaw 'na ddim siawns fel hyn i ni byth eto! Wyt ti ddim yn gallu deall beth fyddai'r swydd yma'n olygu i mi?'

'Ydy hi'n golygu mwy na fi i ti? Dyna wyt ti'n ddweud?' gofynnodd Margied yn dawel.

'Ddwedais i mo hynny! Meddylia am ein dyfodol ni'n dau os bydda i'n derbyn y swydd!'

'Am hynny rydw i'n meddwl, Harri. Faint o ddyfodol sy' gan Iestyn a'i fam y bore 'ma? Does arna i ddim eisiau'r math yna o ddyfodol. Paid â derbyn y swydd, Harri. Plîs!'

'Ond Margied fach...'

Chafodd Harri ddim cyfle i orffen y frawddeg. Roedd Margied wedi dechrau rhedeg yn wyllt yn ôl i gyfeiriad y pentref, a'r dagrau'n llifo i lawr ei hwyneb. Ochneidiodd Harri a chododd yn ddigalon. Roedd o'n wynebu dewis mwyaf anodd ei fywyd. Gwyddai y byddai'n rhaid iddo fo ddewis rhwng y swydd a Margied. Roedd o'n caru Margied, ond doedd arno fo ddim eisiau treulio blynyddoedd o fod yn ddiwaith. Cerddodd yn ei flaen heb aros i feddwl i ble roedd

---

derbyn *to accept*
swydd *job*
erfyn *to plead*
y math yna *that type*
cyfle *opportunity*
brawddeg *sentence*
rhedeg *to run*
llifo *to flow*

digalon *disheartened*
dewis *choice*
anodd *difficult*
diwaith *unemployed*

o'n mynd. Roedd ei freuddwydion a oedd mor felys awr yn ôl, wedi eu chwalu'n deilchion.

Dechreuodd y gwynt chwibanu'n lleddf ym mrigau'r coed, a chododd Harri goler ei gôt yn uwch o amgylch ei glustiau. Brysiodd yn ei flaen i gyfeiriad ei gartref i geisio penderfynu beth i'w wneud.

---

melys *sweet*
chwalu *scatter*
teilchion *fragments*
lleddf *plaintive*
brigau *branches*

Pennod 5

Daeth yr haf i Draeth Bychan, ac roedd yn haf bendigedig. Daeth yr haul â dail i'r coed a blodau i'r perthi. Daeth â chreaduriaid eraill yr haf i'r pentref hefyd, yr ymwelwyr balch, hyderus, i gerdded y traeth ac i lenwi pob siop a gwesty. Roedd y rhan fwyaf o drigolion y pentref yn falch o weld y strydoedd yn llawn ceir ac yn croesawu'r llif o wynebau dieithr ymhob twll a chornel drwy'r pentref — er bod rhai'n rhegi'n ddistaw bach wrth glywed y llanw Saesneg yn boddi'r Gymraeg naturiol ar y strydoedd, ac wrth orfod aros ac aros i brynu eu tipyn neges yn siop Gruffudd y groser. Ond roedd croeso mawr i arian yr ymwelwyr; eu harian nhw oedd yn cynnal llawer o'r trigolion yn ystod misoedd llwm y gaeaf.

Ynghanol prysurdeb arferol yr haf yn Nhraeth Bychan, agorwyd atyniad newydd i'r ymwelwyr, caban coffi Yr Angor. Roedd yr adeilad a arferai fod yn dafarn fywiog, yn fan cyfarfod er cyn cof. Roedd yr hen longwyr yn cofio treulio llawer noson ddiddan ym mar Yr Angor, pawb yn mwynhau'r cwrw a'r sgwrsio ffraeth am y môr ac am

---

perth(i) *hedge(s)*
balch *proud, haughty*
gwesty *hotel*
trigolion *inhabitants*
rhegi *to curse*
llanw *tide*
cynnal *to sustain*
llwm *bare, poor*

atyniad *attraction*
er cyn cof *from time immemorial*
diddan *pleasant*
ffraeth *witty*

borthladdoedd pell ym mhen draw'r byd, tra'n syllu ar luniau o longau hwylio lleol a oedd bellach wedi angori'n dawel yn eu fframiau pren ar y muriau cerrig. Ar nosweithiau hwyliog gellid clywed y cwmni'n morio canu emynau yn gymysg â rhai o hen ganeuon y môr, cyn i lawer o'r bechgyn ifanc droi eu cefnau ar y môr a mynd i ffwrdd i ddinasoedd Lloegr i chwilio am ddalfa frasach. Bellach, dim ond un neu ddau o hen longwyr fel Rhisiart Dafydd ac Ifan Jones oedd ar ôl i hel atgofion am y dyddiau gynt.

Heno ym mar gwesty Min-y-Dôn roedd y ddau hen ŵr yn trin a thrafod y byd a'i bethau.

'Be' wyt ti'n feddwl o'r hen Angor wedi troi'n gaban coffi, Ifan?'

'O, ie. Y Saeson 'ma eto! Y Donningtons, yntê?'

'Dyna ydy tro ar fyd, yntê? Ew, mi fyddai'r hen Gapten Ifans yn troi yn ei fedd pe bai o'n gweld Saeson yn rhedeg Yr Angor. Wyt ti'n cofio fel bydda fo'n bytheirio yn erbyn gadael i Saeson ddod efo fo ar y llong ers talwm?'

'Ydw, wir, Rhisiart Dafydd. Ond mae'n rhaid i mi ddweud fy mod i'n falch o weld bywyd yn Yr Angor unwaith eto — Saeson neu beidio — er mai dim ond coffi maen nhw'n werthu yno.'

---

lleol *local*
angori *to anchor*
morio canu *to sing with gusto*
yn gymysg â *interspersed with*
brasach *richer*
trin a thrafod *to discuss*
angor *anchor*
tro ar fyd *transformation*

bedd *grave*
bytheirio *to utter threats*
ers talwm *long ago*
neu beidio *or not*

'Maen nhw'n dweud fod y lle'n digon del a'u bod nhw wedi ceisio cadw cymeriad yr hen le — lluniau llongau ar y wal, rhwyd bysgota yn hongian o'r nenfwd, hen angor mawr mewn un cornel ac ati.'

'Ydy'r merched sy'n gweithio yno'n gwisgo fel môr-forynion, tybed?'

'Ifan bach, beth fyddet ti'n wneud efo môr-forwyn yn dy oed di?'

Chwarddodd Rhisiart Dafydd dros y lle, a chafodd bwl o beswch. Ond syllodd Ifan Jones yn synfyfyriol i waelod ei beint.

'Efallai byddwn ni'n gweld newid yn y pentre 'ma. Wedi'r cyfan, fydd y Donningtons ddim yn mynd oddi yma ar ddiwedd yr haf fel gweddill y Saeson. Tybed fyddan nhw'n dysgu siarad Cymraeg?'

'Wel, mi ddylen nhw. Allan nhw ddim byw mewn lle fel Traeth Bychan a disgwyl i bawb arall droi i'r Saesneg.'

'Na allan, mae'n debyg, a ninnau i gyd yn siarad Cymraeg bob gair. Wyt ti'n cofio pan oedden ni ar y môr ac yn galw mewn porthladdoedd yn y gwledydd pell. Yr holl ieithoedd gwahanol 'na! Pe bawn i wedi aros yn yr Eidal, mi fyddwn i wedi bod wrth fy modd yn dysgu'r iaith i mi gael

---

del *pretty, neat*
rhwyd *net*
môr forwyn(ion) *mermaid(s)*
pwl o beswch *a fit of coughing*
synfyfyriol *pensive*
peint *pint*
newid *change*
mi ddylen nhw *they ought*

yr Eidal *Italy*

40

sgwrs iawn efo'r bobl.'

'Rwyt ti'n dweud y gwir, Ifan. Be' ydy'r pwynt o aros yng Nghymru heb ddysgu'r Gymraeg? Ew, maen nhw'n colli cymaint — y cyngherddau a'r 'steddfodau ac ati, heb sôn am sgwrsio efo pobl ddiddorol fel ni'n dau!'

'Yn hollol, Rhisiart Dafydd. Rwyt ti wedi taro'r hoelen ar ei phen.'

Roedd Julie Donnington wedi hen flino ar Yr Angor ac ar Draeth Bychan ac ar bawb o'i chwmpas. Roedd hi'n teimlo'n flin bod ei rhieni wedi gadael swyddi diogel yn Birmingham i ddod i gadw caban coffi a thŷ bwyta mewn lle mor fach ac anniddorol. Doedden nhw ddim wedi meddwl am ei theimladau hi o gwbl. Pam yn y byd roedd yn rhaid iddi hi wastraffu ei hamser a'i hegni yn gweini, yn golchi llestri ac yn glanhau? Os oedd yn rhaid iddi hi fyw yn y twll lle 'ma o gwbl, byddai'n well ganddi orwedd ar y traeth yn torheulo yng nghwmni'r Saeson eraill oedd yma ar eu gwyliau. Doedd hi erioed o'r blaen wedi sylwi mor ddifeddwl a hy roedd pobl ar eu gwyliau yn gallu bod. Pan fyddai hi'n glawio, roedden nhw'n edrych arni fel pe bai hi'n gyfrifol am y tywydd, ac ar ddyddiau braf mi fydden

---

cyngherddau *concerts*
ac ati *and so on*
heb sôn *not to mention*
diddorol *interesting*
hoelen *nail*
anniddorol *uninteresting*
gwastraffu *to waste*
egni *energy*

gweini *to serve*
erioed o'r blaen *ever before*
hy *bold*
cyfrifol *responsible*

nhw'n heidio i mewn i'r Angor yn syth o'r traeth, gan adael tywod a cherrig mân hyd y llawr i gyd a staeniau hylif torheulo ar y cadeiriau a'r byrddau.

Ymosododd Julie yn ffyrnig ar sosban sglodion seimllyd a'i sgwrio'n egnïol nes ei bod yn disgleirio. Rhoddodd ochenaid o ddiflastod wrth edrych ar y pentwr o lieiniau bwrdd y byddai'n rhaid iddi hi eu golchi cyn cael awr neu ddwy o seibiant. Penderfynodd adael y cyfan, ac aeth at ei mam i gwyno.

'Mam, rydw i'n mynd allan am dro, iawn? Dydw i ddim yn mynd i wneud strôc arall o waith heno. Mi ges i ddigon ar ôl y sosban sglodion 'na. Os oes arnoch chi eisiau rhywun i olchi'r llieiniau bwrdd ffiaidd 'na, mae'n well i chi gyflogi rhywun arall—neu eu golchi nhw eich hun!'

Cyn i'w mam gael cyfle i agor ei cheg i ateb, dihangodd Julie drwy ddrws cefn Yr Angor a rhedeg i lawr i'r traeth.

Roedd Harri'n sefyll yn freuddwydiol ar fin y traeth yn gwylio cwch pysgota yn llithro'n herciog o don i don. Byddai Harri wrth ei fodd yn cael bod yn un o'r dynion oedd ar y cwch. Roedd ei gwch o, y *Cadwaladr*, yn gorwedd yn segur yn yr harbwr ers blynyddoedd. Er y byddai'n

---

staen(iau) *stain(s)*
hylif torheulo *suntan lotion*
ffyrnig *fierce*
seimllyd *greasy*
pentwr *pile, heap*
seibiant *respite*
cwyno *to complain*
ffiaidd *loathsome*

cyflogi *to employ*
dianc *to escape*
herciog *uneven*
ton *wave*
segur *idle*

mynd i lawr yno i gael golwg arno o dro i dro rhag ofn bod fandaliaid wedi gwneud rhyw niwed iddo, nid oedd wedi bod allan o'r harbwr ynddo er pan oedd wedi rhoi ei air i Margied. Roedd mwy nag un o fechgyn y pentref wedi cynnig ei brynu, ond er ei fod wedi gadael iddynt ei fenthyca o bryd i'w gilydd, nid oedd yn barod i'w werthu.

Pam roedd yn rhaid i bopeth o'i gwmpas edrych mor berffaith ar hwyr o haf fel hyn yn Nhraeth Bychan, ac yntau'n teimlo mor ddigalon? Am eiliad, roedd yn gallu deall teimladau'r fandaliaid hynny oedd yn torri ffenestri tai gwag ac yn ysgrifennu sloganau dichwaeth ar furiau adeiladau. Roedd yntau'n teimlo fel rhwygo cynfas y darlun perffaith oedd o'i flaen. Tybed, meddyliodd Harri, a oedd Margied yn werth yr holl boen meddwl — efallai y byddai'n well iddo dderbyn y swydd roedd wedi cael ei chynnig, ac anghofio am Margied. Roedd o'n gwybod y byddai'n rhaid iddo wynebu misoedd neu flynyddoedd o fod yn ddiwaith cyn y byddai'n cael cynnig swydd arall. A heb Margied byddai'n gallu mynd allan i bysgota yn y *Cadwaladr* unwaith eto.

Penderfynodd Harri ei bod hi'n bryd iddo droi am adref, ond wrth iddo gerdded yn araf o'r traeth anghofiodd am y

---

niwed *harm*
benthyca *to borrow*
o bryd i'w gilydd *from time to time*
perffaith *perfect*
teimlad(au) *feeling(s)*
gwag *empty*
dichwaeth *obscene*
rhwygo *to tear*

cynfas *canvas*
gwerth *worth*

cwch pysgota ar y môr ac am ei broblemau personol wrth
iddo weld merch ifanc yn rhedeg tuag ato o gyfeiriad caffi'r
Angor. Pe bai Harri'n ysgyfarnog yr eiliad honno, byddai ei
glustiau wedi codi'n syth, gymaint oedd ei ddiddordeb yn y
ferch brydferth hon. A dyma Julie Donnington, medd-
yliodd. Diddorol dros ben. Roedd y bechgyn ym mar
Min-y-Don wedi bod yn sôn am y ferch hardd oedd wedi
dod i fyw i'r Angor, a llawer ohonyn nhw wedi bod yn
gwario mwy ar goffi nag ar gwrw yn ddiweddar er mwyn
cael eistedd yn Yr Angor yn ei gwylio. Roedd Harri wedi
bod yn rhy brysur ynghanol ei broblemau i gymryd unrhyw
sylw o'r siarad. Ond heno roedd ganddo well cyfle na'r
bechgyn eraill i gael gair â hi.

Wrth i Julie redeg heibio, heb gymryd yr un sylw ohono,
penderfynodd Harri fanteisio ar ei gyfle.

'Mae rhywun ar frys heno 'ma,' meddai.

Trodd Julie i edrych ar y bachgen tal golygus. Doedd hi
ddim wedi gweld hwn yng nghwmni bechgyn ifanc y
pentref yn Yr Angor.

'O, mae'n ddrwg gen i. Welais i monoch chi'n sefyll yn
fan'na.'

'Ac i ble rydych chi'n rhedeg yr amser yma o'r nos?'

---

ysgyfarnog *hare*
gwario *to spend (money)*
cwrw *beer*
yn ddiweddar *recently*
er mwyn *in order to*
cymryd sylw *to take notice*
manteisio *to take advantage*
ar frys *in a hurry*

'O, dianc o'r caffi. Rydw i wedi cael llond bol ar y lle ar ôl bod yno drwy'r dydd.'

'Alla i ddim dychmygu bydda rhywun fel chi yn blino ar rywbeth mor ddiddorol â chadw caffi,' meddai Harri gan chwerthin yn chwareus.

Cochodd Julie, 'Efallai fod y cwsmeriaid yn rhai diflas.'

'O, wel. Mi fydd yn rhaid i ni feddwl am ffordd i wella safon eich cwsmeriaid chi felly, Julie.'

'Sut rydych chi'n gwybod fy enw i?'

'O, does yr un ferch mor hardd â chi yn medru symud i Draeth Bychan heb i mi wybod popeth amdani hi! Harri ydw i, gyda llaw.'

'Rydw i'n falch fy mod i wedi cwrdd â chi, Harri, ond mae'n well i mi fynd yn ôl adre,' meddai Julie. 'Rydw i'n siŵr bob Mam am fy ngwaed i ar ôl i mi redeg allan a gadael y gwaith ar ei hanner.'

'Nos da, Julie, a chofiwch be' ddwedais i am godi safon eich cwsmeriaid!'

Yn ôl yng nghegin Yr Angor, cafodd Mrs Donnington dipyn o sioc wrth weld ei merch yn mynd ati i olchi'r llieiniau bwrdd gyda gwên hapus ar ei hwyneb. Roedd hi hyd yn oed yn canu wrth ei gwaith fel pe bai hi'n gwbl

---

llond bol *bellyfull*
dychmygu *to imagine*
safon *standard*
gyda llaw *by the way*
cwrdd â *to meet*
gwaed *blood*
hyd yn oed *even*

fodlon ar ei byd, ac yn falch ei bod hi wedi symud i fyw i bentref mor ddiddorol â Thraeth Bychan.

Pennod 6

Un bore, tua phythefnos yn ddiweddarach, pan oedd Harri ar ei ffordd i lawr i'r traeth gwelodd Julie Donnington yn brysio i gyfeiriad siop y pentref. Ew, roedd hi'n ddel, bron yn ddigon del iddo anghofio popeth am Margied. Roedd o'n teimlo'n sicr, rywsut, na fyddai hon yn ceisio'i gadw rhag mynd allan ar y môr. Roedd hi'n treulio cymaint o'i hamser ar y traeth ac yn nofio yn y môr. Mae'n siŵr y byddai hi'n fwy na pharod i ddod allan am dro yn y *Cadwaladr*. Roedd Harri ar dân eisiau mynd i siarad â hi, ond byddai'n rhaid iddo fod yn ofalus. Doedd arno fo ddim eisiau i Margied ddod i glywed ei fod o a Julie yn ffrindiau. Penderfynodd ei dilyn hi i lawr i siop y pentref.

Erbyn i Harri gyrraedd y siop, roedd Julie a Karen yn sgwrsio'n brysur. Trodd Harri ei gefn ar y ddwy gan gymryd arno ei fod yn edrych ar y cylchgronau ar silff wrth y drws. Clywodd Julie'n dweud ei bod hi am fynd i'r traeth y prynhawn hwnnw, a gwenodd. Roedd o mor brysur yn ceisio penderfynu beth roedd o am ddweud wrth Julie fel na sylwodd fod Karen wedi gofyn cwestiwn iddo.

---

pythefnos *fortnight*
parod *ready*
gofalus *careful*
dilyn *to follow*
erbyn *by (the time)*
cymryd arno *to pretend*
cylchgronau *magazines*

'Alla i dy helpu di, Harri?' gofynnodd Karen am yr ail waith.

'O, cei, diolch i ti. Rydw i eisiau...y...deg o *Embassy* os gweli di'n dda.'

'Doeddwn i dim yn gwybod dy fod ti'n smocio, Harri,' meddai Karen, gan roi winc ar Julie.

'N...newydd ddechrau rydw i,' meddai Harri gan faglu ar draws ei eiriau. Rhoddodd bunt i Karen i dalu, a brysiodd i gyfeiriad y drws gyda'r pecyn sigaréts yn ei law.

'Harri! Oes arnat ti eisiau'r newid 'ma?'

'O, oes. Diolch yn fawr i ti, Karen,' a rhuthrodd allan o'r siop yn goch at ei glustiau. Gallai glywed Karen a Julie yn chwerthin a Jane yn ymuno yn yr hwyl o'r tu ôl i gownter y post wrth iddo gau'r drws.

Roedd Harri ar bigau'r drain am weddill y bore. Ceisiodd ddarllen y papur newydd deirgwaith heb wneud unrhyw synnwyr ohono. Sylwodd ei fam ei fod yn aflonydd a holi beth oedd yn bod. Ond cafodd hithau lai o synnwyr gan Harri nag roedd o wedi ei gael o'r papur newydd. Yn sydyn cyhoeddodd ei fod am dreulio'r prynhawn i lawr ar y traeth. Rhuthrodd drwy ei ginio nes gwneud i'w dad a'i fam edrych

---

yr ail waith *the second time*
baglu *to trip*
ymuno *to join*
hwyl *fun*
ar bigau'r drain *on tenter hooks*
teirgwaith *thrice*
synnwyr *sense*
aflonydd *restless*

beth oedd yn bod *what the matter was*

ar ei gilydd mewn syndod.

Rhuthrodd Harri allan o'r tŷ a cherdded yn gyflym i gyfeiriad y traeth. Roedd y lle'n llawn o ymwelwyr hanner noeth a'u plant swnllyd. Dechreuodd Harri ddadlau ag ef ei hun.

'Efallai na ddaw hi ddim wedi'r cyfan.'

'Na, na, mae hi'n siŵr o ddod.'

'Efallai ei bod hi wedi mynd ar y bws i'r dref am y prynhawn.'

'Na, mae hi'n siŵr o ddod. Mi gei di weld. A phaid â bod mor nerfus. Eistedda ar y tywod. A fydd hi ddim yn ddiwedd y byd os na ddaw hi. Mae Margied gen ti o hyd, er nad ydy hi wedi bod yn agos atat ti ers i ti sôn am y gwaith yn y ffatri newydd 'na.'

Gorweddodd ar y tywod poeth gan edrych ar burdeb glas yr awyr. Roedd o'n teimlo'n lwcus ei fod o'n byw mewn ardal mor hardd. Yn gymysg â sŵn y plant o'i gwmpas, gallai glywed y tonnau'n torri'n ysgafn ar y lan a sgrechian y gwylanod barus oedd yn aros am ambell i damaid blasus o fasgedi bwyd yr ymwelwyr. Roedd y gwylanod fel pobl y pentref, meddyliodd Harri, yn dibynnu ar y Saeson am eu bywoliaeth yr amser yma o'r flwyddyn. Doedden nhwythau

---

syndod *amazement*   nhwythau *they also*
noeth *naked*
dadlau *to argue*
wedi'r cyfan *after all*
nerfus *nervous*
purdeb *purity*
tamaid *morsel*
dibynnu *to depend*

ddim am wneud ymdrech i ennill eu bywoliaeth tra oedd tamaid i'w gael wrth fegera. Roedd o mor brysur yn hel meddyliau fel na sylwodd fod rhywun yn sefyll wrth ei ymyl.

'Helô, Harri. Doeddwn i ddim wedi disgwyl dy weld ti 'ma,' meddai Julie gan wenu'n ddireidus.

'Mi fydda i'n dod yma'n aml ar brynhawn braf fel hyn,' atebodd Harri.

'Rydw i wedi sylwi dy fod ti'n treulio cryn dipyn o dy amser yma.'

'Wel, gan y bydda i'n cael fy mywoliaeth o'r môr cyn bo hir, mae'n ddigon teg i mi ddod i lawr yma i gadw cwmni iddo fo.'

'Fyddai pawb ddim yn cytuno, mae 'na ddigon o bobl sy'n casáu eu gwaith. Dydw i fy hun ddim yn rhy hoff o'r hyn rydw i'n ei wneud yn y caffi 'na.'

'Wel, ffyliaid ydy pobl felly, mi ddylai pawb wneud yr hyn mae o'n hoffi ei wneud. Mi fyddai'r wlad 'ma mewn gwell trefn pe bai pawb yn gwneud hynny.'

'Ond mae hynny'n amhosibl. Rwyt ti'n gwybod hynny'n iawn.'

Bu tawelwch am sbel. Doedd Harri ddim wedi bwriadu

---

ymdrech *effort*
begera *to beg*
hel meddyliau *to ponder*
teg *fair*
cadw cwmni *to keep company*
ffŵl(ffyliaid) *fool(s)*
trefn *order*
am sbel *for a while*

bwriadu *to intend*

siarad mor ddifrifol, ac yn sicr doedd o ddim wedi bwriadu awgrymu bod Julie'n fŵl, a hynny cyn iddo fo gael cyfle i ddweud 'prynhawn da' wrthi bron. Yna, dechreuodd y ddau siarad ar unwaith.

'Be' wyt ti'n...'

Chwarddodd y ddau.

'Eistedda, wir. Rwyt ti'n gwneud i mi deimlo'n nerfus wrth sefyll uwch fy mhen i fel plismon,' meddai Harri'n gellweirus.

Eisteddodd Julie wrth ei ochr a gwneud ei hun yn gyfforddus ar y tywod.

'Wyt ti'n siŵr ei bod hi'n iawn i mi eistedd wrth dy ochr di? Roeddwn i'n clywed dy fod ti'n caru'n selog.'

'Pwy ddwedodd y fath beth?' gofynnodd Harri gan wybod yn iawn am y siarad oedd wedi bod yn y siop rhyngddi hi a Karen ar ôl iddo frysio allan y bore hwnnw.

'Roeddwn i'n clywed rhyw stori amdanat ti a rhyw ferch o'r enw Margied. Does arna i ddim eisiau sathru ar gyrn neb.'

'O, rydw i a Margied yn ffrindiau ers blynyddoedd, ond dydw i ddim yn gariad i neb, ar hyn o bryd,' atebodd Harri.

Am y tro cyntaf, dechreuodd deimlo braidd yn anghyff-

---

awgrymu *to suggest*
cyfforddus *comfortable*
selog *zealous*
sathru ar gyrn *to tread on the toes*
ar hyn o bryd *at present*

orddus, a daeth rhyw hen stori roedd o wedi'i chlywed yn yr ysgol Sul flynyddoedd yn ôl, am Pedr a'r ceiliog yn canu, i'w feddwl.

'Roedd Karen yn dweud wrtha i fod Margied yn meddwl y byd ohonot ti. Roedd hi'n dweud eich bod chi ar fin priodi.'

Roedd clywed y geiriau yn ei frifo.

'Wel, dyna brofi i ti nad ydy Karen ddim yn gwybod popeth.'

'Dydw i ddim wedi cwrdd â Margied, ond roedd Karen yn dweud ei bod hi'n ferch hardd a dymunol iawn.'

Roedd hi'n rhy hwyr i Harri droi'n ôl.

'O, ydy, mae Margied yn ferch iawn, ond roedd hi'n gwthio'i hun ormod arna i.'

Sgrechiodd y gwylanod uwch eu pennau, a sylweddolodd Harri ei fod wedi gwadu Margied am y trydydd tro.

'Does arna i ddim eisiau clywed y manylion, diolch yn fawr.'

'Ond mae'n well gen i ddweud wrthat ti fy hun na gadael i ti glywed hanner y stori gan Karen. Y gwir ydy nad oedd Margied yn fodlon i mi dderbyn swydd am y byddai hynny'n golygu y byddwn i'n mynd allan ar y cychod o dro i

---

ceiliog *cock*
ar fin *on the brink of*
priodi *to marry*
profi *to prove*
dymunol *agreeable*
gwthio *to push*
gwadu *to deny, to disown*
manylion *details*

bodlon *willing*

52

dro.'

'Pam felly?'

'Wn i ddim yn iawn. Ond mae hi'n casáu'r môr, a dydy hi ddim yn deall fod y môr yn fy ngwaed i. Allwn i byth fyw yn unman allan o olwg y môr.'

'Rydw i'n dechrau deall sut rwyt ti'n teimlo. Mae rhywbeth mor lân ac mor iachus yn y môr, ac mae o'n wahanol bron bob dydd o'r flwyddyn.'

'Llyfa dy wefusau.'

'Llyfu fy ngwefusau! I be'?' gofynnodd Julie gan edrych yn syn arno.

'Llyfa nhw—mi weli di fod blas halen iach arnyn nhw.'

'Oes, rwyt ti'n iawn! Doeddwn i ddim wedi sylwi ar hynny o'r blaen. Rydw i'n falch erbyn hyn fod fy nhad a mam wedi penderfynu dod yma i fyw.'

'Ydyn nhw'n hoff o'r môr hefyd?'

'O, ydyn, dyna pam symudon ni o Birmingham.'

'Be' oedd gwaith dy dad yn Birmingham?' gofynnodd Harri.

'Roedd o'n cadw caffi yno hefyd, caffi bach ar gyrion y ddinas.'

'Fyddwn i ddim yn gallu byw am wythnos mewn dinas,

---

deall *to understand*
iachus *healthy*
gwahanol *different*
llyfu *to lick*
gwefus(au) *lip(s)*
halen *salt*
symud *to move*
ar gyrion *on the fringes*

hyd yn oed dinas ar lan y môr.'

'Dydy bywyd dinas ddim yn ddrwg i gyd,' meddai Julie. 'Roedd yr ardal lle roedden ni'n byw yn ardal eitha glân, ac roedd y bobl yn ddigon cyfeillgar. Ond roedd 'na rai ardaloedd gwyllt iawn yno hefyd. Mi fyddwn i ofn mentro i'r rhannau hynny yn y dydd, heb sôn am fynd yno yn y nos.'

'A be' wnaeth i chi benderfynu symud, 'te?'

'Roedd y teulu'n dod i Gymru ar wyliau'n aml. Rydw i'n gyfarwydd â'r rhan fwyaf o bentrefi a threfi glan môr gogledd Cymru er pan oeddwn i'n ferch fach. A mi benderfynodd fy nhad fod bywyd yn iachach ac yn brafiach yn y rhan yma o'r byd nag ynghanol prysurdeb tref fawr fel Birmingham.'

'Ac roedd dy dad yn llygad ei le, rydw i'n siŵr, ond sut roeddet ti'n teimlo?'

'Wel, doeddwn i dim yn hapus iawn ar y dechrau, er fy mod i'n caru'r môr. I rywun ifanc fel fi, roedd meddwl am fyw mewn lle bach tawel heb ddisgo a siopau dillad ac ati drwy'r gaeaf, yn anodd iawn. Doedd Mam ddim yn rhy hapus chwaith. Roedd hi'n poeni am fod y lle 'ma mor bell oddi wrth unrhyw ysbyty a phethau felly.'

---

yn llygaid ei le *absolutely correct*

'Ond mae'r tri ohonoch chi'n ddigon hapus erbyn hyn?'

'Ydyn, ond mae'n cymryd amser i dod i arfer â newid mor fawr, cofia.'

'A be' am yr iaith? Ydy hynny'n broblem sy'n eich poeni chi?'

'Ydy, mae'n gallu bod yn broblem weithiau, ond rydw i wrth fy modd yn clywed pobl yn siarad Cymraeg. Ac rydw i wedi penderfynu dysgu'r iaith. Roeddwn i'n siarad am hynny efo Karen a Jane y bore 'ma, ac maen nhw'n dweud bod yna gwrs Wlpan yn y dref yn ystod y gaeaf. Mi fydda i'n teimlo fel Cymraes go iawn wedyn.'

'Mi fyddai'n braf iawn pe bai pawb sy'n dod i fyw i'r wlad 'ma'n teimlo 'run fath.'

Edrychodd Harri'n sydyn i ganol llygaid Julie.

'Mi rydw wedi gofyn llawer iawn o gwestiynau i ti yn barod y prynhawn 'ma,' meddai'n ddifrifol, 'ond mae 'na un cwestiwn pwysig arall yr hoffwn i ofyn.'

'A pha gwestiwn ydy hwnnw?'

'Ddoi di i'r pictiwrs yn y dref efo mi heno?'

'Ar un amod,' meddai Julie'n gellweirus.

'Be' ydy'r amod?'

'Wel, yr amod ydy dy fy fod ti'n ateb cwestiwn pwysig

---

iaith *language*
cwrs *course*
yn ystod *during*
yn ddifrifol *seriously*
amod *condition*

iawn i mi?'

'Does ond gobeithio fy mod i'n gwybod yr ateb!'

'Wyt ti'n siŵr dy fod ti'n smocio *Embassy*?'

Chwarddodd y ddau a rhoddodd Harri glamp o gusan i'w gariad newydd.

---

gobeithio *to hope*

Pennod 7

Roedd hi bron yn saith o'r gloch pan gerddodd Rhisiart Dafydd i mewn i far cefn gwesty Min-y-Don. Croesodd at y bar ac eisteddodd ar stôl uchel.

'Siop!' gwaeddodd gan guro ar y bar, ond ddaeth dim ateb.

Edrychodd ar y rhes o boteli y tu ôl i'r bar, a heb feddwl ddwywaith cododd y rhan o'r bar oedd yn gwahanu'r tafarnwr oddi wrth ei gwsmeriaid. Camodd y tu ôl i'r bar a gwthio gwydr yn erbyn gwddf un o'r poteli mwyaf deniadol. Llanwodd Rhisiart y gwydr i'w ymylon, ac roedd ar fin yfed ei gynnwys pan waeddodd rhywun y tu ôl iddo a chollodd hanner ei ddiod ar y llawr.

'Rhisiart Dafydd! Mae peth fel hyn cyn waethed â thorri i mewn i dŷ rhywun! Ewch yn ôl i'r ochr arall i'r bar 'ma a thalwch am y ddiod 'na!'

Aeth Rhisiart Dafydd yn ei ôl i eistedd ar ei stôl mor dawel ag oen bach, a rhoi ei arian i'r ferch y tu ôl i'r bar.

'Sut mae dy fam y dyddiau 'ma, Myfanwy...?'

'Mae Mam yn iawn, diolch yn fawr, Rhisiart Dafydd,'

---

croesi *to cross*
stôl *stool*
gweiddi *to shout*
curo *to knock*
rhes *row*
gwahanu *to separate*
gwydr *glass*
i'w ymylon *to its brim*

cynnwys *contents*
colli ei ddiod *to spill his drink*
llawr *floor*
cyn waethed â *as bad as*

atebodd Myfanwy'n swta. 'Y lle gorau i chi heno 'ma fydd cyn belled oddi wrth y bar ag y gallwch chi fynd. Does 'na ddim croeso i ladron ym Min-y-Don.'

'Chwarae teg, Myfanwy. Doeddwn i ddim yn bwriadu peidio â thalu am y ddiod 'na, ond os fel'na mae hi i fod, mi gymera i beint a symud i'r gornel dywyll acw yn ddigon pell o gyrraedd dy dafod ti.'

Ar ôl ychydig funudau agorodd drws y dafarn unwaith eto.

'Pa hwyl heno, Rhisiart Dafydd? Ydych chi'n barod am beint arall?'

'Da iawn diolch, Tom, a gwnaf, mi gymera i beint arall, os gweli di'n dda.'

'Dos di i eistedd at Rhisiart Dafydd, Dewi,' meddai Tom Hughes, yr harbwr-feistr, wrth ei gyfaill, 'ac mi ddo innau â diod draw i chi.'

Aeth Tom Hughes at y bar ac aeth Dewi i gadw cwmni i Rhisiart Dafydd yn ei gornel dywyll.

'A be' ydych chi wedi bod yn wneud heddiw 'ma, Rhisiart Dafydd?'

'Dim rhyw lawer, 'machgen i. Crwydro tipyn o gwmpas y traeth a'r harbwr i gadw llygad ar y byd a'i bethau. A sut

---

swta *abrupt*
gorau *best*
lladron *thieves*
chwarae teg *fair play*
tafod *tongue*
parod *ready*
cyfaill *friend*
dim rhyw lawer *not a lot*

hwyl sy' arnat ti'r dyddiau yma?'

'Dim yn ddrwg. Mae pethau'n gwella tua'r porthladd erbyn hyn.'

'Ydyn, wir, diolch i'r drefn. O, diolch yn fawr, Mistar Hughes. Iechyd da i chi'ch dau.'

Roedd Tom Hughes wedi dod at y bwrdd ac estyn gwydraid llawn i'r ddau cyn mynd yn ôl at y bar i nôl peint iddo'i hun.

Yfodd Rhisiart Dafydd yn hir o'r cwrw, a phan gododd ei drwyn o'i wydr roedd Tom Hughes yn ôl wrth y bwrdd yn rhowlio sigarét rhwng ei fys a'i fawd.

'Roedd Myfanwy'n dweud eich bod chi wedi troi at ladrata, Rhisiart,' meddai Tom heb godi ei lygaid oddi ar ei sigarét.

'Dduw Mawr! Nac ydw i! Helpu fy hun tra oeddwn i'n disgwyl iddi hi ddod yn ôl o'r seler roeddwn i; doeddwn i ddim wedi breuddwydio peidio â thalu, ond fel'na mae'r merched 'ma i gyd. Gwneud môr a mynydd o bopeth er mwyn cael stori i'w thaenu ar led am wythnosau.'

'Aethoch chi ddim y tu ôl i'r bar felly?'

'Wel, efallai i mi wneud hynny, ond roeddwn i'n bwriadu talu am fy niod. Rydw i wedi byw'n onest am dros saith deg

---

diolch i'r drefn *thank goodness (providence)*
estyn *to hand, to reach*
gwydraid *glassful*
nôl *to fetch*
trwyn *nose*
rhowlio *to roll*
bys *finger*

bawd *thumb*
lladrata *to steal*
Dduw Mawr! *Good God!*
seler *cellar*
taenu ar led *to spread around*

o flynyddoedd, a does dim llawer o bobl yn yr ardal 'ma fyddai'n gallu dweud hynny.'

'Dyna ni felly, peidiwch â meddwl mwy am y peth. Yfwch eich cwrw, mi ddaw Myfanwy â pheint arall i chi mewn munud. Oes rhyw newyddion arall gennych chi?'

'Wel, rhyngoch chi a fi a'r wal, a dydy hyn ddim ar gyfer glustiau neb arall, mi welais i rywbeth digon rhyfedd pan oeddwn i'm mynd am dro ar hyd y traeth y prynhawn 'ma. Mae'n debyg eich bod chithau'ch dau wedi sylwi nad ydy pethau ddim wedi bod yn rhyw dda iawn rhwng Margied a Harri ers rhai wythnosau.'

'Dydw i ddim wedi gweld y ddau efo'i gilydd hyd y pentref 'ma ers tro,' meddai Dewi. 'Roeddwn i wedi clywed eu bod nhw ar fin priodi.'

'Wel, doedd pethau ddim yn edrych felly'r prynhawn 'ma,' meddai Rhisiart Dafydd gan fwynhau diddordeb astud y ddau arall. 'Rydych chi wedi gweld y ferch Donnington 'na sy'n byw yn Yr Angor, mae'n siŵr. Wel, roedd hi a Harri yng nghwmni ei gilydd ar y traeth y prynhawn 'ma, ac yn ôl be' welais i roedden nhw'n dipyn mwy na ffrindiau. A phan oeddwn i ar fy ffordd yma heno, roedd y ddau yn cychwyn i'r dref ar y bws saith.'

---

newyddion *news*
rhyw dda iawn *particularly good*
ers tro *for a while*
astud *attentive*

'Margied, druan,' meddai Tom. 'Merch fach annwyl ydy Margied, rydw i'n siŵr ei bod werth tipyn mwy nag unrhyw Saesnes. Be' sy' ar ben y bachgen Harri 'na? Rydw i wedi ei weld o i lawr yn yr harbwr yn tacluso'r cwch 'na sydd ganddo fo, hefyd. Gobeithio'n wir nad ydy o ddim yn meddwl mynd allan i'r môr, neu mi fydd o'n siŵr o dorri calon Margied.'

Bu'r tri'n sgwrsio'n brysur, bob yn ail ag yfed, am awr neu ddwy arall, ac roedd enwau Harri a Margied a Julie Donnington i'w clywed yn aml yn y sgwrs. Tua naw o'r gloch, fodd bynnag, daeth criw mwy swnllyd nag arfer o ymwelwyr i mewn i far Min-y-Don. Aeth yr uchaf ei gloch ohonyn nhw at y bar a gofyn i Myfanwy am beint o'r cwrw gorau.

Fel rheol, fyddai Rhisiart Dafydd ddim yn cymryd unrhyw sylw o ddigwyddiad o'r fath a oedd yn ddigon cyffredin yn y dafarn yn ystod misoedd yr haf. Ond heno roedd wedi yfed ychydig yn fwy nag arfer, a gwaeddodd ar Myfanwy, 'Rho fo mewn pwced i'r diawl!'

Trodd y Sais ac edrych yn syn ar yr hen ŵr. Er nad oedd yn deall yr un gair o Gymraeg, roedd wedi amau nad oedd y geiriau'n rhai cyfeillgar, ond cyn iddo gael amser i ofyn i

---

annwyl *dear*	yn syn *in amazement*
be' sy' ar ben? *what is the matter?*	amau *to suspect*
sgwrsio *to chat*	
yr uchaf ei gloch *the loudest*	
fel rheol *as a rule*	
unrhyw sylw *any notice*	
pwced(aid) *bucket(ful)*	
diawl *devil*	

unrhyw un beth oedd ystyr y geiriau, ychwanegodd Rhisiart Dafydd, 'Neu efallai byddai'n well i ti roi bwcedaid o laeth i'r llo!'

Erbyn hyn, roedd pawb yn y dafarn yn chwerthin. Trodd y Sais at Rhisiart Dafydd a gofyn iddo, yn ei Saesneg gorau, a oedd o wedi meddwi.

Cododd yr hen ŵr ar ei draed gan siglo'r bwrdd o'i flaen, ac atebodd y Sais yn ei iaith ei hun, 'Rydw i'n fwy sobr na thi, y cyw gog, hyd yn oed wedi i mi gael peint neu ddau. Dos adra yn dy gar *estate* efo dy bwced a rhaw glan môr. Mae'n ddigon i ni ddioddef dy sŵn di a dy debyg ymhob rhan o'r pentref 'ma drwy'r dydd heb i ti ddod â dy geg fawr i mewn i fan'ma hefyd...'

Chlywodd y Sais na'i griw ddim mwy, a chwythodd awel y môr i mewn drwy'r drws wrth iddynt frysio allan. Ailddechreuodd y sgwrsio a'r chwerthin yn y bar, a syrthiodd Rhisiart Dafydd yn ôl yn flinedig i'w gadair.

Penderfynodd Rhisiart Dafydd gychwyn am adref yn fuan wedyn, ond daeth rhywun o hyd iddo ymhen ugain munud ar ôl hynny wedi syrthio ar y llwybr oedd yn arwain i'w gartref. Yn ôl y meddyg a ddaeth i'w weld ar ôl iddo gael ei gario i'r tŷ, roedd yr helynt yn y dafarn wedi achosi iddo

---

ystyr *meaning*
llo *calf*
wedi meddwi *drunk*
siglo *to shake*
sobr *sober*
cyw gog *a fledgeling cuckoo*
rhaw *spade*
dioddef *to suffer*

dy debyg *your like*
yn fuan wedyn *soon afterwards*
helynt(ion) *trouble(s)*
achosi *to cause*

gael pwl ar y galon, ond doedd neb yn sicr. A doedd Rhisiart Dafydd ddim yn fodlon sôn gair wrth neb am helyntion y noson honno.

Galwodd Myfanwy i'w weld bob dydd nes iddo wella'n ddigon da i ddod i lawr i'r dafarn unwaith eto.

Pennod 8

Roedd hi'n dywydd bendigedig ac roedd pentref Traeth Bychan, yn drigolion ac yn ymwelwyr, yn paratoi ar gyfer un o nosweithiau mawr y flwyddyn, Ffair Canol Haf. Roedd y ffair wedi cael ei chynnal yn ddifwlch bob haf ers dros ganrif a mwy, ond roedd ei natur wedi newid cryn dipyn, wrth gwrs, yn ystod y cyfnod hwnnw. Flynyddoedd yn ôl byddai'r ffermwyr lleol yn dod â'u hanifeiliaid yno i'w gwerthu, a byddai llawer o gynnyrch cartref ar werth ar y stondinau pren. Erbyn hyn, roedd holl firi'r ffair fodern wedi dod i drawsnewid cae'r ffair yn fôr o sŵn, ond roedd yno ddigon o gyfle fel erioed i bawb chwilio am fargen oddi ar stondinau'r gwerthwyr fyddai'n heidio yno o bob rhan o'r wlad. Roedd noson y ffair yn gyfle i bawb godi allan ac i gwrdd â'i gilydd. Byddai pobl a phlant yr ardal yn edrych ymlaen am wythnosau at noson y ffair; y plant yn casglu eu ceiniogau a'r merched yn edrych yn hir a phoenus ar gynnwys eu cypyrddau dillad, a llawer yn penderfynu nad oedd ganddyn nhw ddim i'w wisgo ar gyfer y noson, a'u gwŷr yn cael eu llusgo'n anfoddog i'r dref i dalu am wisg

---

difwlch *without a break*   anfoddog *unwilling*
canrif *century*
cyfnod *period*
cynnyrch *produce*
pren *wooden*
miri *merriment*
trawsnewid *transform*
llusgo *to drag*

newydd. Yr un wynebau oedd i'w gweld ar noson y ffair ag ar unrhyw ddiwrnod arall, ond y noson honno roedd pawb ar ei orau, a hwyl a miri'r dorf yn gorlifo fel y saws coch a'r wnionod dros ochrau'r cŵn poeth.

Roedd yr ymwelwyr hefyd wrth eu bodd ar noson y ffair, a rhai ohonyn nhw'n teimlo eu bod nhw bron yn rhan o'r pentref wrth weld eu plant yn cymysgu â'r plant lleol, ac wrth glywed pobl y pentref yn eu cysuro ar ôl iddyn nhw fethu ag ennill pysgodyn aur neu gneuen goco. Roedd eu rhieni yn hoffi eu gweld yn gwau drwy'r dyrfa yng nghwmni eu ffrindiau newydd gan fwyta cocos a roc bob yn ail.

Noson y ffair oedd un o nosweithiau prysuraf y flwyddyn i Alwyn ac Enid Pritchard, perchnogion Min-y-Don. Ar nosweithiau eraill, roedden nhw'n gallu gadael y gwaith y tu ôl i'r bar yn nwylo Myfanwy hyd tua hanner awr wedi naw o leiaf, ond ar noson y ffair byddai pawb yn brysur yn y bar o hanner awr wedi pump ymlaen. Roedd perchnogion caffi'r Angor hefyd yn brysur tan tua chwech o'r gloch, ond pan welodd Mr Donnington fod pobl yn dechrau symud i'r dafarn penderfynodd gloi'r drws er mwyn i'w deulu yntau

---

saws *sauce*	gwau *to weave*
wnionod *onions*	tyrfa *crowd*
cŵn poeth *hot dogs*	cocos *cockles*
cymysgu â *to mix with*	bob yn ail *every other*
methu *to fail*	perchnogion *owners*
aur *gold*	dwylo *hands*
cneuen goco *coconut*	o leiaf *at least*
rhieni *parents*	cloi *to lock*

65

gael ymuno yn hwyl y ffair. Fu dim rhaid iddo fo dreulio unrhyw amser yn perswadio ei wraig. Rhedodd Mrs Donnington i fyny'r grisiau i newid, ac o fewn pum munud roedd hi'n barod i gychwyn allan mewn ffrog newydd sbon. Rhyddid o gaethiwed y caffi am ychydig! Wrth iddi gerdded drwy'r ffair, law yn llaw â'i gŵr, roedd hi'n teimlo fel merch ifanc ac yn ymwybodol iawn bod llawer o'r gwragedd eraill yn llygadu ei ffrog newydd.

'Helô, Mrs. Donnington! Ble buoch chi'n siopa, tybed?' Karen, o siop y pentref, oedd yn ei chyfarch yn siriol.

'Siopa? Yn siop Hywel Gruffudd, wrth gwrs!'

'Nage, nage, siopa am y ffrog hardd 'na, roeddwn i'n feddwl, siŵr iawn.'

'O, diolch yn fawr, Karen. Ydych chi'n ei hoffi hi?' meddai Mrs Donnington yn falch.

'A sut rydych chi, Mr Donnington?' gofynnodd Jane, a oedd wrth ochr Karen fel arfer. 'Oes gennych chi ddigon o arian yn eich poced i brynu anrheg o'r ffair i'ch gwraig?'

'Wn i ddim, wir,' chwarddodd Mr Donnington. 'Mae pethau'n ddigon drud 'ma, mae'n rhaid i mi ddweud. Dydy hi ddim fel roedd hi yr Birmingham ers talwm, pan oedd pum swllt yn fwy na digon o arian poced i fynd i'r ffair.'

---

perswadio *to persuade*
o fewn *within*
ffrog *frock*
newydd sbon *brand new*
rhyddid *freedom*
caethiwed *bondage*
ymwybodol *conscious*
llygadu *to eye*

cyfarch *to greet*
drud *expensive*

66

'Dydy Jane a fi ddim yn ddigon hen i gofio'r amser hwnnw!' meddai Karen yn chwareus. 'Arwydd o henaint ydy clywed pobl yn sôn am sylltau y dyddiau yma!'

'Karen!' meddai Jane. 'Rydw i'n credu dylen ni fynd cyn i ti'n cael ni'n dwy i drwbwl efo Mr Donnington.'

Aeth pawb yn eu blaenau gan chwerthin.

'Faint ydy pris hon, tybed?' gofynnodd Rhisiart Dafydd i Tom Hughes, gan aros o flaen un o'r stondinau llestri i edrych ar fodel o long hwyliau mewn potel. 'Rydw i wedi dod allan heb fy sbectol, fachgen.'

'Does dim pris wedi ei farcio arni mewn lle fel hyn, Rhisiart Dafydd. Arhoswch, mi hola i.'

Cafodd Tom Hughes air â'r dyn chwyslyd oedd yn brysur ynghanol y llestri y tu ôl i gownter y stondin, gan ofyn iddo a oedd yn barod i gynnig bargen i un o hen longwyr y pentref.

'Pedair punt a hanner can ceiniog i chi, capten,' galwodd dyn y stondin yn siriol ar Rhisiart Dafydd.

'Ydy hi'n werth yr arian, tybed, Tom Hughes,' holodd yr hen ŵr wrth chwilio drwy'i bocedi. 'Be' wyt ti'n feddwl?'

'O, wn i ddim. Mi fydda'n costio tipyn mwy i ti yn un o

---

chwareus *playful*
arwydd *sign*
swllt(sylltau) *shilling(s)*
credu *to believe*
pris *price*
llestri *crockery*
chwyslyd *sweaty*

siopau'r dref. Be' am i ti ei phrynu hi'n anrheg i Myfanwy Min-y-Don i ddangos iddi hi fod yn ddrwg gen ti am yr helynt y noson o'r blaen?'

'Syniad campus, Tom. Roeddwn i wedi meddwl rhoi rhywbeth bach iddi hi, i ddiolch iddi am ddod i edrych amdana i bob dydd pan oeddwn i'n sâl. Mi ofynna i i'r dyn 'ma ei lapio hi mewn papur sidan rhag ofn i mi ei thorri hi ar y ffordd adre.'

Daeth Rhisiart Dafydd o hyd i bapur pumpunt crychlyd yng ngwaelod un o'i bocedi, a chyn hir roedd o a Tom Hughes yn crwydro drwy'r dyrfa unwaith eto a'r anrheg yn ddiogel yn ei bapur sidan o dan ei gesail, tra oedd dyn y stondin yn gweiddi nerth ei ben er mwyn tynnu sylw rhagor o bobl at y llestri afresymol o rad roedd o'n barod i'w gwerthu iddyn nhw.

Ar wahân i'r Nadolig a'r Pasg, wrth gwrs, noson y ffair oedd un o uchafbwyntiau'r flwyddyn i'r Parchedig Idris Jones, gweinidog Capel Galilea. Roedd yn cerdded yn bwyllog yng nghwmni Hywel Gruffudd, siop y pentref, a oedd yn llygadu prisiau'r nwyddau ar bob stondin. Byddai digon o bobl yn sicr o ddweud wrtho yn ystod y dyddiau

---

campus *excellent*	rhagor *more*
sâl *ill*	afresymol *unreasonable*
lapio *to wrap*	ar wahân *apart from*
papur sidan *tissue paper*	Nadolig *Christmas*
crychlyd *wrinkled*	Pasg *Easter*
o dan ei gesail *under his arm*	uchafbwynt(iau) *climax(es)*
nerth ei ben *at the top of his voice*	nwyddau *goods*
tynnu sylw *to draw attention*	

nesaf bod nwyddau'r ffair yn llawer rhatach na rhai'r siop. Prin roedd y gweinidog yn gallu cerdded mwy na deg cam heb iddo gyfarfod ag un o aelodau Galilea, ac roedd y groser wedi hen flino ar y sefyll a'r sgwrsio diddiwedd. Roedd o'n cael digon o hynny yn y siop bob dydd o'r flwyddyn. Pan arhosodd y gweinidog i gael gair â Mr a Mrs Donnington, a oedd erbyn hyn wedi dysgu gair neu ddau o Gymraeg, dihangodd Hywel Gruffudd i gyfeiriad stondin taflu dartiau, lle roedd rhai o fechgyn y pentref yn gwylio merch ifanc siapus yn anelu dartiau at hen fwrdd du, tyllog.

'Wel, fechgyn, ydych chi'n mwynhau'r ffair?'

'Ydyn, wir i chi,' atebodd un. 'Mae 'na ddigon o dalent 'ma heno!'

'Peidiwch â gadael i'r gweinidog eich clywed chi'n siarad fel'na,' chwarddodd Hywel Gruffudd, a oedd wrth ei fodd yng nghwmni'r bechgyn ifanc.

'Y gweinidog? Ydy o 'ma? Mae'n well i ni ei symud hi, bois, dydyn ni dim wedi bod yn y capel ers oesoedd!'

'Rydych chi'n ddigon diogel ar hyn o bryd, mae o'n brysur yn siarad efo'r Donningtons.'

'Ydy Julie efo nhw tybed? Os bydd hi'n dod yn aelod yn Galilea, efallai y bydda innau'n ailddechrau mynd i'r capel!'

---

prin *hardly*
anelu *to aim*
tyllog *full of holes*
ers oesoedd *for ages*

'Maen nhw'n dweud ei bod hi'n ddigon prysur efo Harri y dyddiau 'ma,' meddai un arall o'r criw.

'Mi glywais i Karen yn sôn rhywbeth am hynny yn y siop acw y dydd o'r blaen,' meddai'r siopwr. 'Druan o Margied hefyd, a'r ddau wedi bod yn gariadon am yr holl amser.'

Ar hynny gwelodd un o'r bechgyn y gweinidog yn anelu i'w cyfeiriad drwy'r dyrfa. 'Dewch, bois,' meddai, 'mae hi'n hen bryd i ni gael peint neu ddau.'

Ac i ffwrdd â'r criw i gyfeiriad Min y Don, a chyn i Hywel Gruffudd gael cyfle i wybod yn iawn beth oedd yn digwydd roedd o'n ôl unwaith eto yn ddiogel yng nghwmni'r gweinidog.

Roedd Margied wedi bod yn cerdded o stondin i stondin yng nghwmni ei mam ers bron i awr, gan aros o bryd i'w gilydd i sgwrsio efo hwn a'r llall. Roedd ei chalon yn drwm, ac roedd hi'n teimlo fod pawb yn edrych arni ac yn siarad amdani. Oedd y storïau roedd hi wedi eu clywed am Harri yn wir, tybed? Oedd o'n byw a bod yng nghwmni'r Saesnes 'na o gaffi'r Angor y tu ôl i'w chefn hi? Yn sicr, doedd hi byth yn ei weld o'r dyddiau yma, a phrin bod y ddau wedi dweud gair wrth ei gilydd ers y bore hwnnw pan soniodd o

---

hwn a'r llall *one person and another*
trwm *heavy*
byw a bod *spending all his time*

am y gwaith roedd o wedi cael ei gynnig. Roedd o wedi ffonio i ddweud ei fod o wedi dechrau ar ei waith newydd a'i fod o'n brysur iawn. Ond doedd yr un ohonyn nhw wedi sôn gair am y busnes o fynd allan ar y cychod. Dyma'r tro cynta ers rhai blynyddoedd i Margied fod yn y ffair heb gwmni Harri.

Wrth i Margied edrych o'i chwmpas gan obeithio cael cip ar Harri ymhlith y dyrfa, gwelodd Julie Donnington yn sefyll wrth y fan gwerthu sglodion. Roedd hi'n edrych fel pe bai hi'n aros am rywun. Roedd y ddwy wedi cyfarfod ddwy neu dair o weithiau yn siop y pentref, ond prin eu bod wedi torri gair â'i gilydd. Penderfynodd Margied ei bod hi'n bryd iddi fynd i gael sgwrs â hi. Roedd ei mam yn brysur yn sgwrsio efo un o'r gwragedd oedd yn byw yn yr un stryd â hi, fel pe baen nhw heb weld ei gilydd ers oesoedd. Gwthiodd Margied drwy'r dyrfa i gyfeiriad y fan sglodion.

'Helô, Julie,' meddai Margied yn oeraidd. 'Rydych chi'n edrych yn unig iawn. Ydych chi'n aros am rywun?'

'N...nac ydw. Edrych o gwmpas ar yr holl bobl 'ma roeddwn i, dyma'r tro cynta i mi fod yn ffair Traeth Bach. Mae fy nhad a mam yma yn rhywle hefyd, ond dydy hi ddim yn hawdd dod o hyd iddyn nhw ynghanol yr holl fynd

---

busnes *business*
y tro cynta *the first time*
cip *glimpse*
ymhlith *among*
aros *to wait*
torri gair *to say a word*
oeraidd *chilly*

a dod.'

'Rydw i'n meddwl i mi eu gweld nhw'n sgwrsio efo Mr Jones y gweinidog tua phum munud yn ôl.'

'O, maen nhw'n siŵr o ddod i'r golwg cyn bo hir.'

Bu tawelwch anghyfforddus rhwng y ddwy am rai eiliadau.

'Sut rydych chi'n setlo i lawr yn y pentref?' gofynnodd Margied o'r diwedd.

'Yn dda iawn, diolch yn fawr. Mae pawb yn groesawus iawn, chwarae teg iddyn nhw.'

'A rhai yn fwy gwresog eu croeso na'i gilydd yn ôl pob sôn.'

Doedd Margied ddim yn gallu dal ei thafod.

'Beth yn union mae hynny'n ei feddwl, Margied?' gofynnodd Julie gan osgoi edrych i lygaid Margied.

'Dim byd, ond cofiwch nad ydy hi'n arferiad yma yn Nhraeth Bychan i ferched ddwyn cariadon merched eraill.'

'Does dim rhaid i chi fod mor gas efo mi, Margied. Dydw i ddim yn bwriadu gwneud dim o'r fath.'

Cyn i Margied gael cyfle i ateb, daeth Harri i'r golwg heibio i flaen y fan sglodion.

Petrusodd am eiliad pan welodd y ddwy ferch yn sefyll

---

dod i'r golwg *to come into sight*
setlo *to settle*
gwresog *warm*
yn ôl pob sôn *by all accounts*
dal ei thafod *to hold her tongue*
yn union *exactly*
arferiad *habit*
dwyn *to steal*

cas *nasty*
petruso *to hesitate*

72

yno, ond roedd y ddwy wedi ei weld ac roedd hi'n rhy hwyr iddo feddwl am ddianc, er cymaint oedd y demtasiwn i droi ar ei sawdl a diflannu i ganol y dyrfa rhwng y stondinau. Roedd yn rhaid iddo geisio meddwl am rywbeth i'w ddweud.

'Ydych chi'n mwynhau'r ffair?' gofynnodd yn hwyliog. 'Mae hi'n brysur iawn 'ma eleni eto. Ydych chi'ch dwy wedi dod i adnabod eich gilydd?'

'Wel, na, ddim yn hollol, Harri,' atebodd Julie, gan obeithio ei fod wedi cyrraedd mewn pryd i osgoi sefyllfa anodd iawn rhyngddi hi a Margied. 'Dod draw ata i am sgwrs fach wnaeth Margied.'

'A sut hwyl sy' arnat ti heno, Margied?' holodd Harri'n betrus. 'Rwyt ti'n dawel iawn. Ydy sŵn y ffair 'ma'n dy flino di?'

'Nid y sŵn sy'n fy mhoeni fi, Harri, ond yr hyn rydw i'n ei deimlo,' atebodd Margied yn dawel gan edrych ar y ddau.

Roedd Julie gyda'i gwallt lliw aur a'r lliw haul ar ei chroen, yn ferch hynod o ddeniadol. Ac roedd Harri yntau yn ei siwt orau yn edrych mor olygus ag erioed. Roedd yn rhaid i Margied gyfaddef eu bod nhw'n edrych yn bâr ifanc delfrydol. Gallai Margied gylwed arogl perswar costus Julie

---

temtasiwn *temptation*
diflannu *to disappear*
teimlo *to feel*
hynod *remarkable*
siwt *suit*
cyfaddef *to admit*
pâr *pair, couple*
delfrydol *ideal*

persawr *perfume*
costus *expensive*

hyd yn oed ynghanol aroglau seimllyd y fan sglodion.

'Ew, rwyt ti'n siarad yn ddwfn iawn heno, Margied,' meddai Harri, gan chwerthin i geisio ysgafnu'r awyrgylch. 'Be' am i'r tri ohonon ni fynd draw at y ceir bach? Rydw i'n siŵr y gallwn ni'n tri wthio i mewn i un car.'

Roedd hi'n amlwg nad oedd yr un o'r ddwy ferch yn meddwl llawer o'r syniad, ac nid ddaeth unrhyw ateb.

Rhoddodd Harri gynnig arall arni, 'Mi awn ni am dro o amgylch y stondinau efo'n gilydd, 'ta.'

Doedd y syniad yma ddim wrth fodd yr un o'r ddwy chwaith, ond y tro hwn atebodd Margied mewn llais oedd yn llawn tristwch, 'Na, mi wela i chdi rywbryd eto, Harri. Mae Mam draw fan'cw ar ei phen ei hun, a does arna i ddim eisiau iddi hi feddwl fy mod i wedi mynd a'i gadael hi. Hwyl i chi, Julie.'

Trodd Margied ei chefn ar y ddau, a cherddodd oddi wrthyn nhw drwy'r dyrfa gan ddweud wrthi ei hun y dylai hi fod wedi mynnu fod Harri'n dod efo hi, yn lle ei adael yng nghwmni merch mor ddeniadol â Julie Donnington. Roedd hi'n teimlo'n unig ac yn drist ynghanol y dorf swnllyd, hapus, oedd o'i chwmpas ymhobman. Tybed fyddai Harri a Julie'n mynd hebddi ar y ceir bach ac o

---

dwfn *deep, profound*
ysgafnu *to lighten*
awyrgylch *atmosphere*
ceir bach *dodgems*
amlwg *obvious*
chwaith *either*
y tro hwn *this time*
tristwch *sadness*

mynnu *to insist*

amgylch y stondinau, meddyliodd. Tybed oedd o'n cofio'r hwyl y byddai'r ddau ohonyn nhw'n ei gael yng nghwmni ei gilydd ar nosweithiau'r ffair? Roedd yn rhaid iddi gael gafael ar Harri ar ei ben ei hun yn fuan. Roedd hi'n hen bryd i'r ddau ohonyn nhw gael sgwrs iawn i geisio rhoi trefn ar eu bywydau unwaith ac am byth.

Penderfynodd nad oedd arni hi eisiau aros yn y ffair am eiliad arall. Byddai ei mam yn sicr o gael digon o gwmni ei ffrindiau a'i chymdogion yn y ffair ac ar ei ffordd adref. Cerddodd Margied yn araf drwy'r pentref gan ymladd yn ofer i gadw'r dagrau o'i llygaid. Roedd miwsig uchel a miri swnllyd y ffair a oedd yn annog pawb i fod yn hapus ac i anghofio eu poenau a'u pryderon, fel pe'n chwerthin am ei phen. Llifodd y dagrau i lawr ei hwyneb. Pan gyrhaeddodd Margied ei chartref, safodd am eiliad ar garreg y drws a throi i edrych i gyfeiriad y môr, ac i wrando a'r gri'r gwylanod ar furiau'r harbwr.

---

yn ofer *in vain*
miwsig *music*
annog *to urge*
pryderon *anxieties*
chwerthin am ben *to laugh at*
cri *cry*

Pennod 9

Agorodd Margied ei llygaid ac yna eu cau unwaith eto. Roedd hi'n fore Sadwrn braf a'r haul yn tywynnu drwy'r llenni ac yn llenwi'r ystafell wely. Trodd ar ei hochr a thynnu dillad y gwely dros ei phen. Doedd hi erioed wedi bod yn un dda am godi yn y bore, a phenderfynodd aros am bum munud bach arall yng nghlydwch ei gwely. Roedd codi y dyddiau yma'n anoddach nag erioed a theimlai'n aml fel aros â'i phen o dan ddillad y gwely drwy'r dydd. Fyddai dim rhaid iddi wedyn wynebu pobl a cheisio ymddangos fel pe na bai dim yn pwyso ar ei meddwl.

Pan fentrodd hi allan o'i gwely o'r diwedd, roedd hi'n teimlo'n sâl ac roedd ei choesau'n wan fel coesau plentyn blwydd. Roedd hi wedi bod yn teimlo fel hyn ers wythnos neu ddwy bellach. Byseddodd ei bol a gwasgodd ei bysedd am ei chanol. Edrychodd arni ei hun yn y drych. Roedd ei hwyneb mor wyn â'r eira. Beth oedd wedi digwydd i'w bochau coch, iach? Cododd ei choban gotwm binc ac edrychodd yn ofalus ar ei chorff. Doedd dim dwywaith amdani, roedd yn rhaid iddi wynebu'r hyn roedd hi wedi

---

clydwch *shelter, warmth*
ymddangos *to appear*
mentro *to venture*
gwan *weak*
plentyn blwydd *year old child*
bellach *by now*
byseddu *to finger*
bol *belly*

drych *mirror*
eira *snow*
boch(au) *cheek(s)*
coban *night gown*
cotwm *cotton*
dim dwywaith amdani *no two ways
    about it*

bod yn ceisio ei osgoi ers dyddiau lawer.

Eisteddodd ar ochr y gwely â'i phen yn ei phlu. Roedd yn rhaid iddi dorri'r newydd i'w mam, a doedd hi ddim yn edrych ymlaen at wneud hynny o gwbl. Roedd ei mam mor henffasiwn, a byddai clywed am gyflwr ei hunig ferch yn sioc ac yn siom ofnadwy iddi hi. A byddai'r awyrgylch yn y tŷ yn annioddefol am wythnosau.

Roedd byw yn y pentref wedi bod yn boen ar Margied ers peth amser. Roedd hi'n gwybod yn iawn fod merched straegar y pentref yn sôn amdani bob tro y byddai hi'n cerdded i lawr y stryd. Lawer gwaith roedd hi wedi eu clywed nhw'n siarad yn ei chefn pan oedd hi'n mynd i siop y pentref i brynu tipyn o neges iddi hi a'i mam. Harri a Julie Donnington oedd testun eu sgwrs nhw, roedd hi'n gwybod. Roedd hi wedi clywed hefyd fod Harri wedi ailddechrau mynd allan yn y *Cadwaladr* a bod Julie wedi bod allan yn y cwch efo fo fwy nag unwaith. Roedd hi'n anodd cadw'r dagrau o'i llygaid pan fyddai hi'n eu gweld yn sibrwd ar gornel y stryd wrth iddi hi gerdded heibio. A byddai pethau'n saith gwaeth pan fydden nhw'n dod i wybod am ei chyflwr hi.

Byddai'n rhaid iddi ddweud wrth Harri hefyd. Fo oedd y

---

pen yn ei phlu *downcast*
henffasiwn *old fashioned*
cyflwr *condition*
siom *disappointment*
straegar *gossipy*
bob tro *every time*
lawer gwaith *many times*
testun *subject*

sibrwd *to whisper*
saith gwaeth *seven times worse*

tad yn bendant; Harri oedd yr unig gariad fu gan Margied erioed. Ond doedd pethau ddim wedi bod yn dda rhwng y ddau ers wythnosau. Byddai'n gallu mynd i lawr i westy Min-y-Don i'w weld, roedd Harri yn galw yno'n aml i gael peint neu ddau efo'i ffrindiau ac i weld ei ewythr a'i fodryb, Alwyn ac Enid Pritchard, perchnogion y gwesty. Ond fyddai hi ddim yn gallu cael sgwrs iawn efo Harri ynghanol sŵn a miri'r bar. Y tro diwetha roedd hi wedi ei weld yno, roedden nhw wedi sgwrsio fel dau ddieithryn, a'r ddau'n gwybod fod pawb yn edrych ac yn gwrando arnyn nhw. Roedd Margied yn hiraethu am gael yr hen Harri yn ôl. Roedd hi wedi dweud cymaint o'i chyfrinachau mwyaf personol wrth Harri. Roedd hi'n gallu dweud popeth wrtho fo. Fo oedd ei chyfaill pennaf hi. Fo hefyd oedd tad y plentyn oedd yn dechrau tyfu yn ei chorff hi.

Wrth lwc, doedd ei mam ddim gartref yr wythnos yma, roedd hi wedi mynd i aros am ychydig at ei chwaer a oedd wedi bod yn wael. O leiaf, fyddai dim rhaid iddi wynebu'r broblem o dorri'r newydd i'w mam am rai dyddiau. Meddyliodd Margied y byddai'n hawdd iddi ddianc i ffwrdd heddiw o olwg pawb a phopeth. Roedd hi wedi clywed am ddigon o ferched ifanc yn ei chyflwr hi yn rhedeg

---

dieithryn *stranger*
hiraethu *to long for*
cyfrinach(au) *secret(s)*
tyfu *to grow*
gwael *ill*

i ffwrdd ac yn cael gwared â'u problem. Ond yna, cofiodd am ei mam a fyddai'n torri ei chalon ar ôl ei hunig ferch, a beth bynnag, doedd dim digon o gythraul ynddi i allu gwneud y fath beth.

Cododd Margied oddi ar y gwely. Roedd hi wedi penderfynu. Byddai'n rhaid iddi wneud rhywbeth heddiw. Brysiodd i'r ystafell ymolchi a phan ddaeth yn ôl i'w hystafell wely, dechreuodd wisgo ei hen drowsus denim a oedd wedi mynd i siâp ei phen ôl. Ond yna, newidiodd ei meddwl ac agorodd ei chwpwrdd dillad. Edrychodd ar ei ffrog las olau y byddai Harri mor hoff o'i gweld yn ei gwisgo. Penderfynodd y byddai'n gwisgo'r ffrog las heddiw, fyddai hi ddim yn gallu ei gwisgo yn hir iawn eto, meddyliodd yn chwerw. Roedd yn rhaid iddi fynd i weld Harri i dorri'r newydd iddo heddiw, cyn iddi ddweud wrth ei mam.

Wedi iddi orffen ei brecwast hwyr a golchi'r llestri a glanhau tipyn ar y tŷ, roedd hi'n tynnu at amser cinio. Dyma'r amser iddi fynd i weld Harri, penderfynodd. Byddai'n dod adref o'i waith yr amser yma ar ddydd Sadwrn. Cerddodd i lawr y stryd ac i fyny'r llwybr i

---

cael gwared â *to get rid of*
cythraul *devil*
trowsus *trousers*
pen ôl *bottom*
glas *blue*
chwerw *bitter*

gyfeiriad cartref Harri. Ar y ffordd sylwodd fod y traeth yn orlawn yn barod a'r pentref yn llawn bywyd a phrysurdeb. Roedd fel pe bai'r byd i gyd yn hapus heb neb yn unman yn gwybod am y boen oedd yn ei chalon hi.

Erbyn iddi gyrraedd Tan-y-Bryn, cartref Harri, roedd hi'n teimlo'n sâl unwaith eto. Ei nerfau oedd yn ei phoeni'r tro hwn. Roedd llawer o gwestiynau yn corddi drwy ei meddwl. Sut yn y byd y byddai hi'n torri'r newydd i Harri? A beth tybed fyddai ei ymateb?

Curodd ar y drws, ond chafodd hi ddim ateb. Curodd unwaith eto, a'r tro hwn clywodd sŵn traed yn dod tua'r drws. Mam Harri. Roedd Mrs Pritchard yn edrych dipyn yn ifancach na mam Margied, a hawdd oedd gweld, wrth edrych arni, o ble roedd Harri wedi cael ei wyneb golygus a'i wallt cyrliog du.

'Helô, Mrs. Pritchard,' meddai Margied mewn llais bach nerfus.

'Wel, Margied fach, sut wyt ti? Ble rwyt ti wedi bod yn cadw ers oesoedd?'

'O, rydw i'n iawn, diolch, dal i fynd, wyddoch chi,' atebodd Margied. 'Ydych chi'n cadw'n iawn?'

'Fel gweli di fi, Margied bach. Dim achos cwyno, diolch

---

corddi *to churn*
ymateb *response*
sŵn traed *footsteps*
cadw *to keep*
dal i fynd *to keep going*
achos cwyno *cause for complaint*

am hynny. Tyrd i mewn, mi alwa i ar Harri, mae'n siŵr fod arnat ti eisiau ei weld o.' Roedd rhyw dinc amheus yn ei llais.

'Byddwn, mi fyddwn i'n hoffi cael gair efo Harri,' meddai Margied yn freuddwydiol.

Aeth Margied i mewn i'r ystafell fyw ar ôl Mrs Pritchard. Doedd yr ystafell ddim wedi newid o gwbl er pan fuodd hi yno'r tro cyntaf efo Harri rai blynyddoedd yn ôl. Roedd yr ystafell hon yn dod ag atgofion melys yn ôl iddi.

'Gymeri di gwpanaid o de, tra byddi di'n aros i Harri ddod i'r golwg?' gofynnodd Mrs Pritchard.

'O diolch, os ydych chi'n gwneud un, wna i ddim gwrthod.'

'Mae'r tegell yn berwi, roeddwn i wrthi'n gwneud cwpanaid cyn cychwyn am fy ngwaith, pan guraist ti ar y drws. Mae'n siŵr fod Harri wedi sôn wrthat ti fy mod i'n gweithio yn Yr Angor y dyddiau 'ma.'

'Naddo, wir, Mrs Pritchard,' meddai Margied. Roedd y newydd yn dipyn o sioc iddi.

'Dyna ryfedd, ond dyna fo, dydy Harri ddim wedi sôn am ddim byd ond am ei swydd newydd ers wythnosau.'

'Yn Yr Angor ddywedoch chi?'

---

tinc *note*
amheus *suspicious*
gwrthod *to refuse*
tegell *kettle*

'Ie, wyt ti wedi bod yno, Margied?'

'Naddo, wir, ond rydw i wedi clywed llawer o sôn am y lle. Pwy sy'n cadw'r lle, dwedwch?' gofynnodd Margied, er ei bod hi'n gwybod yr ateb yn ddigon da.

'O ryw Saeson o ochrau Birmingham 'na, Mr a Mrs Donnington. Maen nhw'n bobl ddigon dymunol, cofiwch...'

'Oes ganddyn nhw blant?' holodd Margied yn gyfrwys.

'Oes, un ferch, Julie. Mae'n siŵr eich bod chi wedi ei gweld hi o gwmpas y pentref. Merch efo gwallt melyn cyrliog i lawr at ei hysgwyddau, ac yn gwisgo'n smart bob amser...'

'O, ie, mi wn i pwy ydy hi, mi wnes i ei chyfarfod hi yn y ffair, roedd hi yno efo Harri,' meddai Margied mewn llais chwerw.

'Maen nhw'n deulu bach digon neis, cofiwch, a phob un ohonyn nhw'n gwneud ei orau glas i ddysgu tipyn o Gymraeg.'

'Chwarae teg iddyn nhw am hynny, wir,' atebodd Margied. 'A sut cawsoch chi afael ar waith yn Yr Angor?'

'Wel, i Harri mae'r diolch a dweud y gwir. Roedd o wedi bod yn siarad efo Julie ryw noson, a hithau wedi sôn eu bod

---

cyfrwys *cunning*
ei orau glas *his very best*

82

nhw'n chwilio am rywun i helpu yn y caffi yn ystod yr haf. Mi fues i'n lwcus iawn, mae gwaith mor brin mewn lle fel Traeth Bychan y dyddiau yma, yn arbennig i rywun o fy oed i.'

Aeth Mrs Pritchard i'r gegin i wneud y te, ac ymhen hir a hwyr clywodd Margied Harri yn dod i lawr y grisiau. Roedd o wedi bod yn ymolchi a newid ar ôl dod adre o'i waith a chael ei ginio, ac roedd o'n edrych fel pe bai wedi gwisgo'n barod i gychwyn allan.

Pan ddaeth i mewn i'r ystafell, teimlodd Margied ei chalon yn curo'n gyflymach. Er nad oedd hi weld gweld llawer arno ers wythnosau lawer ac er cymaint roedd o wedi ei brifo, roedd hi'n ei garu gymaint ag erioed. Teimlai fel rhedeg ato a'i gofleidio a'i gusanu. Roedd hi'n ysu am deimlo ei gorff yn erbyn ei chorff hithau y funud honno. Mi fyddai hi'n gallu anghofio popeth am Julie Donnington, ond roedd 'na ryw lais yn ei phen yn dweud wrthi am beidio â bod mor wirion.

'Sut hwyl, Margied?' meddai Harri gan geisio swnio'n gwbl ddigyffro.

'O, da iawn, diolch...'

Roedd hi ar fin ychwanegu 'a chysidro popeth', pan

---

prin *scarce*
cegin *kitchen*
ymhen hir a hwyr *at long last*
cofleidio *to embrace*
ysu *crave*
digyffro *calm*
cysidro *to consider*

83

ddaeth ei fam i mewn gan gario cwpanaid o de a llond plât o fisgedi iddi hi.

'Rhaid i mi frysio,' meddai hi, 'mi fydda i'n hwyr os arhosa i i gael cwpanaid efo ti, Margied, a wneith hynny mo'r tro. Mae na ddigon o de yn y tebot yn y gegin os oes arnat ti eisiau cwpanaid, Harri.'

'Iawn, Mam, brysiwch chi, neu fydd 'na ddim llestri glân ar ôl yn Yr Angor i'r ymwelwyr!'

'Hwyl i ti, Margied,' meddai Mrs Pritchard wrth gychwyn am y drws, 'a chofia beidio â bod yn ddiarth, mae drws y tŷ 'ma yn agored i ti bob amser.'

'Diolch i chi, Mrs Pritchard,' atebodd Margied, 'a diolch i chi am y gwpanaid a'r bisgedi 'ma hefyd.'

Ar ôl i'w fam fynd drwy'r drws, bu'r ddau'n dawel am rai eiliadau. 'Helpa dy hun i'r bisgedi 'na,' meddai Harri gan osgoi edrych i'w llygaid. Roedd yn gwybod pe bai o'n edrych arni y byddai arno eisiau gafael ynddi a'i chofleidio a'i chusanu, fel plentyn bach yn chwilio am faddeuant ar ôl gwneud rhyw ddrwg. Roedd yn ei charu hi o hyd. Aeth pob math o bethau drwy ei feddwl. Pam roedd hi wedi dod yma i'r tŷ i'w weld, tybed? Oedd hi wedi dod i ddweud ei bod hi'n mynd i ffwrdd? Roedd yn ei hadnabod hi'n ddigon da i

---

bisgedi *biscuits*
wneith hynny mo'r tro *that will*
   never do
diarth *unfamiliar*
maddeuant *forgiveness*
o hyd *still*

weld bod rhywbeth yn ei phoeni.

'Wnest ti fwynhau'r ffair?' gofynnodd ar ôl cyfnod arall o ddistawrwydd.

'Naddo, wir. Ond roedd hi'n amlwg dy fod ti wrth dy fodd yno,' atebodd Margied heb flewyn ar ei thafod.

'Oeddwn, wir, a rydw i'n siŵr y byddet tithau wedi mwynhau dy hun hefyd pe bait ti wedi dod o gwmpas efo Julie a fi.'

'Wel, mae'n siŵr dy fod ti'n gwybod be' mae'r Saeson yn ddweud — dau yn gwmni a thri yn dyrfa, yntê?'

'Paid â bod mor wirion, Margied. Mae Julie yn unig iawn mewn lle diarth iddi hi. Dim ond ffrindiau ydw i a hithau.'

'Ie, rydw i'n siŵr,' meddai Margied. Erbyn hyn, roedd hi'n dechrau colli ei thymer a phenderfynodd ddweud yn blaen wrth Harri beth oedd ar ei meddwl hi.

'Mae Karen wedi dy weld di a dy freichiau amdani ar y traeth fwy nag unwaith, Harri. Ffrindiau da wyt ti'n galw hynny? Wel, nid dyna rydw i'n ei alw o, ac nid dyna mae pobl y pentref 'ma'n ei alw o chwaith!'

Erbyn hyn roedd wyneb Margied yn goch, ac roedd dagrau yn ei llygaid. Wyddai Harri ddim beth i'w ddweud. Roedd o'n caru Margied, ond roedd o'n caru Julie hefyd.

---

distawrwydd *silence*
amlwg *obvious*
heb flewyn ar ei thafod *outspoken*
yn blaen *plainly*

Doedd o ddim am wadu'r hyn roedd Margied wedi ei ddweud, a doedd Margied ddim yn gallu rheoli ei theimladau bellach.

'O, Harri, be' sy' wedi digwydd i ni? Rydw i'n dy garu di, a roeddwn i'n meddwl dy fod tithau'n fy ngharu innau. Mi fydd yn rhaid i ti ddewis rhwng y Saenes 'na a finnau, ond cofia di bod un ohono ni'n cario dy blentyn di!' meddai Margied drwy ei dagrau. 'Gobeithio nad ydy'r ddwy ohonon ni...'

'Plentyn?' Trodd Harri i'w hwynebu. 'Plentyn? Am be' rwyt ti'n sôn? Wyt ti'n disgwyl plentyn? Pam na fyddet ti wedi dweud wrtha i?'

Edrychodd Margied i fyw ei lygaid. 'Ydw, Harri, rydw i'n disgwyl dy blentyn di. A dydw i ddim wedi cael llawer o gyfle i ddweud wrtha ti, naddo? Dydy o ddim y math o beth byddet ti wedi hoffi i mi ddweud yng nghlyw Julie Donnington yn y ffair, mae'n siŵr!'

Chymerodd Harri ddim sylw o'i geiriau diwetha, 'Ydy dy fam yn gwybod?'

'Nac ydy, ddim eto, ond mi fydd yn rhaid i mi ddweud wrthi hi'n fuan.'

'Ond, mae'n rhaid i ti wneud rhywbeth!'

---

sôn *to talk, to mention*
disgwyl *to expect*
byw ei lygaid *the middle of his eyes*
yn fuan *soon*

'Gwneud be', felly?'

'Wel, allwn ni ddim priodi. Yn un peth does gen i ddim arian i briodi. Rydw i wedi bod heb waith am flynyddoedd, a dim ond newydd ddechrau ennill rydw i, ac mae'n siŵr y byddet ti'n mynnu fy mod i'n rhoi'r gorau i'r gwaith sy' gen i ar hyn o bryd...'

'Ac yn ail rwyt ti'n caru Julie Donnington,' meddai Margied yn chwerw cyn iddo gael cyfle i orffen.

'O, paid â siarad lol, Margied. Rwyt ti'n gwybod fy mod i'n dy garu di. Oni bai dy fod ti yn erbyn i mi dderbyn gwaith oedd yn golygu mynd ar gwch weithiau, fydden ni ddim wedi cweryla, a fyddwn innau erioed wedi dweud gair wrth Julie Donnington. Rydw i'n dy garu di, Margied, ac mae'n rhaid i ni feddwl efo'n gilydd beth rydyn ni'n mynd i'w wneud.'

'Bydd, mi fydd yn rhaid i ni feddwl,' meddai hithau. 'Dyna pam rydw i wedi dod yma i dy weld di heddiw.'

Rhoddodd Harri ei freichiau amdani i'w chysuro. Fyddai o byth yn gallu ei gadael hi. Rhoddodd Margied ei phen ar ei ysgwydd. Doedd hi ddim wedi meddwl torri'r newydd iddo fel yna.

Erbyn hyn roedd ei chwpanaid hi'n oer, ac aeth Harri i'r

priodi *to marry*
ar hyn o bryd *at present*
siarad lol *to talk nonsense*
derbyn *to accept*
cweryla *to quarrel*

gegin i wneud cwpanaid arall iddi. Edrychodd Margied o gwmpas yr ystafell. Mewn ffrâm ar y silff-ben-tân, roedd llun plentyn bach, llun Harri'n flwydd oed. Cododd ac aeth yn nes at y lle tân i edrych arno. Os oedd y plentyn roedd hi'n ei gario yn debyg i hwn, yna roedd hi'n benderfynol y byddai hi'n ei gadw...

---

ffrâm *frame*
silff-ben-tân *mantelpiece*
llun *picture*
tebyg *like*

Pennod 10

Er i'r haf oedi'n hir y flwyddyn honno, diflannu'n fuan wnaeth yr ymwelwyr gan adael i'r pentref baratoi ar gyfer dyddiau llwyd y gaeaf. Ychydig iawn o ymwelwyr ddaeth yno hyd yn oed i fwrw'r Sul yn ystod mis Medi, a chafodd y gwylanod y traeth yn ôl iddynt eu hunain unwaith eto.

Nos Sul oedd hi ac roedd Enid Pritchard wedi mynd i'r capel. Roedd ei gŵr Alwyn yn eistedd yng nghegin gefn Min-y-Don a llyfrau cyfrifon y gwesty ar agor ar y bwrdd o'i flaen. Roedd wedi bod yno yn plygu uwch eu pennau ers oriau, ond er iddo rifo pob colofn o ffigurau drosodd a throsodd, yr un oedd yr ateb bob tro. Ochneidiodd Alwyn a gwthiodd y llyfrau o'r neilltu. Yna, cododd ac aeth i roi dŵr yn y tegell a'i roi i ferwi cyn mynd yn ôl at y llyfrau unwaith eto.

Cyn i'r tegell ferwi, agorodd drws cefn y gwesty a daeth Enid i mewn.

'Alwyn, rydw i'n ôl,' galwodd o'r cyntedd.

Aeth Alwyn i estyn dau gwpan o'r cwpwrdd yn ymyl y stôf a rhoddodd fymryn o goffi yng ngwaelod pob un

---

oedi *to delay*   o'r neilltu *aside*
llwyd *grey*   cyntedd *porch*
yn ystod *during*   mymryn *a bit*
cyfrifon *accounts*   gwaelod *bottom*
rhifo *to count*
colofn *column*
ffigurau *figures*
drosodd a throsodd *over and over*

ohonynt. Daeth Enid i mewn i'r gegin.

'Oedd 'na lawer o bobl yn y capel heno?' holodd Alwyn.

'Dim llawer, dim ond yr un rhai ag arfer.'

Croesodd Enid at y bwrdd ac edrychodd yn frysiog ar y llyfrau.

'Wyt ti bron wedi gorffen efo'r rhain?' gofynnodd.

'Gorffen be'?

'Y cyfrifon 'ma.'

'Newydd orffen cyn i ti dod drwy'r drws. Sut bregeth oedd gan yr hen Jones heno 'ma?'

'Hirwyntog a diflas fel pob amser, does dim rhyfedd fod cymaint o bobl yn cadw draw. Gest ti drefn ar y llyfrau 'ma?'

'Do, ches i ddim problem. Rydw i'n lwcus bod gen i ysgrifenyddes mor dda.'

'Nid yn aml y cei di ysgrifenyddes dda sy'n wraig dda hefyd,' chwarddodd Enid.

'Rydw i'n gwybod hynny'n iawn, a dyna pam rydw i'n gwneud cwpanaid o goffi iddi hi.'

'Diolch yn fawr, mi fyddwn i wrth fy modd yn cael cwpanaid boeth. Mae'r gwynt yn chwythu'n ddigon oer o'r môr heno 'ma. Aros i mi fynd i fyny'r grisiau i newid ac mi

---

ag arfer *as usual*
brysiog *hasty*
trefn *order*
lwcus *lucky*
ysgrifenyddes *secretary*
gwynt *wind*
chwythu *to blow*
newid *to change*

gawn ni gwpanaid efo'n gilydd wrth y tân.'

Edrychodd Alwyn arni'n brysio drwy'r drws at droed y grisiau gan dynnu ei chôt wrth fynd. Gwraig fechan, dawel oedd hi, ond gwyddai Alwyn na fyddai llawer o drefn ar y gwesty hebddi hi. Roedd hi'n cadw'r lle, yn ogystal â'r llyfrau cyfrifon, yn dwt fel pin mewn papur ac roedd ganddi hi wên a gair caredig ar gyfer pob un o'r cwsmeriaid. Roedd gan bawb yn Nhraeth Bychan feddwl y byd ohoni hi.

Ochneidiodd Alwyn unwaith eto, a cheisiodd ei orau glas i feddwl am ffordd o dorri'r newyddion am y cyfrifon iddi. Doedd pethau ddim yn edrych yn dda ar y busnes. Roedd prisiau popeth a chyflogau pawb yn codi'n gyson, ac roedd hi'n mynd yn fwy anodd bob blwyddyn i gael dau pen llinyn ynghyd.

Daeth Enid i lawr y grisiau ac eisteddodd y ddau wrth y tân i yfed eu coffi.

Tra oedd Alwyn yn ceisio meddwl am ffordd i ddechrau sôn am broblemau'r busnes, 'Wel, pa mor ddrwg mae pethau arnon ni 'ta?' gofynnodd Enid.

Edrychodd Alwyn arni mewn syndod.

'Sut roeddet ti'n gwybod fod pethau'n ddrwg?'

'Rydw i wedi byw'n ddigon hir efo ti, Alwyn bach, i allu

---

yn ogystal â *as well as*

twt *neat*

caredig *kind*

cyflog(au) *wage(s)*

cyson *constant*

cael dau penllinyn ynghyd *to make
    ends meet*

ceisio *to attempt*

syndod *amazement*

dweud. Roeddwn i'n gwybod y munud y gwelis i dy wyneb di ar ôl i mi ddod drwy'r drws. Ac rydw i'n gweld y llyfrau 'na o ddiwrnod i ddiwrnod, cofia, ac rydw i'n gwybod hefyd na fuon ni'n brysur iawn yr haf 'ma.'

'Mi ddylwn i fod wedi gweld hyn yn dod, yn lle...'

'Paid â phoeni, rydyn ni wedi gweld amser caled o'r blaen. Rwyt ti bob amser yn edrych ar yr ochr dywyll, ac yn gwneud môr a mynydd o bob problem. Ond mae pethau'n mynd i wella yn y pentref 'ma, Alwyn, mae mwy a mwy o ddynion yn cael gwaith yn y ffatri newydd, ac mae 'na sôn am waith rhewi pysgod yn agor yma hefyd cyn bo hir.'

'Rydw innau wedi clywed sôn am hynny hefyd, ond wn i ddim sut rydyn ni'n mynd i gadw'r lle 'ma i fynd nes bydd pethau wedi gwella. Ond nid y busnes yn unig sy'n fy mhoeni fi. Does dim golwg fod pethau'n gwella o gwbl rhwng Harri a Margied chwaith. Mae hi'n edrych fel pe bai'n cynlluniau ni i gyd yn mynd i'r gwellt.'

Harri oedd unig blentyn brawd Alwyn, a gan nad oedd plant gan Alwyn ac Enid eu hunain, roedden nhw bob amser wedi edrych ar Harri fel pe bai o'n blentyn iddyn nhw. Eu bwriad oedd ymddeol cyn bo hir a mynd i fyw i hen gartref rhieni Enid yn y pentref. Er nad oedden nhw

---

mi ddylwn i *I ought to*
caled *hard*
rhewi *to freeze*
cynllun(iau) *plan(s)*
mynd i'r gwellt *to come to nothing*
ymddeol *to retire*

wedi sôn gair wrth neb, hyd yn oed wrth Harri, roedden nhw wedi gobeithio y byddai Harri a Margied yn priodi ac yn dod i redeg y gwesty yn eu lle.

'Y swydd newydd 'ma sy' gan Harri ydy'r broblem rhwng y ddau,' meddai Enid. 'Roedd o wedi addo i Margied na fydda fo'n mynd allan ar y môr. Efallai dylen ni ddweud wrthyn nhw am ein cynlluniau. Fydda gan Harri ddim amser i fynd ar gyfyl y môr pan fydda fo'n rhedeg y lle 'ma.'

'Mae hynny'n ddigon gwir. Ond rydw i wedi clywed y bechgyn yn y bar, rhai ohonyn nhw'n ffrindiau i Harri, yn sôn ei fod o a'r ferch Donnington 'na o gaffi'r Angor yn dipyn o ffrindiau.'

'O, twt, mae Harri a Margied wedi bod yn gariadon ers blynyddoedd, a dydy Julie Donnington na neb arall yn mynd i ddod rhyngddyn nhw, rydw i'n siŵr o hynny. Unwaith y bydd Harri'n rhoi'r gorau i'r swydd 'na fydd dim rhaid iddo fo fynd allan ar y cychod, ac mi fydd Margied ac yntau yn ôl hefo'i gilydd, mi gei di weld.'

'Mae'n siŵr dy fod ti'n iawn fel arfer,' gwenodd Alwyn am y tro cynta'r noson honno. 'Ac os felly, gorau po gyntaf i ni sôn wrthyn nhw am ein cynlluniau. Rydyn ni'n dau wedi

---

yn eu lle *instead of them*
ar gyfyl *anywhere near*
rhyngddyn nhw *between them*
rhoi'r gorau *to give up*
gorau po gyntaf *the sooner the better*

gweithio'n ddigon caled yn y lle 'ma ar hyd y blynyddoedd, beth bynnag, ac mae hi'n hen bryd i ni ymddeol. Rydw i'n siŵr y gallwn ni drefnu pob dim iddyn nhw gymryd Min-y-Don drosodd erbyn dechrau'r tymor ymwelwyr y flwyddyn nesa.'

'Ac mi fydd Harri wedi hen anghofio am y Saesnes 'na erbyn hynny, a Margied ac yntau'n briod. Rhaid i ni drefnu i gael y ddau ohonyn nhw draw yma yn ystod yr wythnos nesa i dorri'r newydd iddyn nhw. Mi fydd y ddau wrth eu bodd, rydw i'n siŵr, ac mi fydd y cwsmeriaid hefyd yn falch o weld dau ifanc o'r pentref 'ma'n rhedeg y lle. Fydd dau ifanc fel'na fawr o dro yn cael y busnes ar ei draed unwaith eto, gei di weld. Ac rydw innau'n edrych ymlaen yn barod at gael bod yn wraig i ti heb orfod bod yn ysgrifenyddes ar yr un pryd!'

Cododd Alwyn a rhoi clamp o gusan i Enid ar ei boch. 'Wel, dyna ni 'ta, mae pethau'n edrych dipyn gwell yn barod,' meddai. 'Cyn i ti ddod i'r tŷ pan oeddwn i'n edrych ar y ffigurau yn y llyfrau 'na, roeddwn i'n ofni ei bod hi ar ben arnon ni. Wn i ddim be' wnawn i hebddot ti, Enid, ac mae gen i bob ffydd y bydd Margied yn ysgrifenyddes yr un mor dda i Harri hefyd!'

---

yn briod *married*
yn falch *glad*
fawr o dro *hardly any time*
ar yr un pryd *at the same time*
ar ben arnon ni *all over with us*
hebddot ti *without you*

Gwenodd Enid ar ei gŵr; roedd hi'n hen bryd iddyn nhw gael cyfle i dreulio mwy o amser efo'i gilydd, meddyliodd. Roedd hi'n edrych ymlaen at symud i'w cartref eu hunain ymhell o sŵn a phrysurdeb y gwesty.

'Wel, dydw i ddim wedi ymddeol eto, beth bynnag,' meddai Alwyn. 'Mae'n well i mi fynd i lawr i'r seler i newid y casgenni yn barod ar gyfer yr wythnos nesa.'

Roedd y coffi wedi hen oeri erbyn hyn, ond eisteddodd Enid yno wrth y tân yn cofio'r blynyddoedd prysur, hapus, roedd hi ac Alwyn wedi eu treulio yn y gwesty, ac yn breuddwydio am eu bywyd newydd hamddenol yn eu cartref newydd.

Roedd hi'n dal i eistedd yno pan ddaeth Alwyn yn ôl i'r gegin. 'Wyt ti wedi clywed y gwynt 'na?' gofynnodd. 'Mae hi'n swnio fel pe bai stormydd y gaeaf wedi cyrraedd yn gynnar eleni.'

---

casgen(ni) *cask(s)*
hamddenol *leisurely*

Pennod 11

'Noson fawr, Margied!'

Cododd Margied ei phen mewn braw. Yn nrws un o'r tai, yng ngolau lamp y stryd, roedd Rhisiart Dafydd yn sefyll.

'Ydy, Rhisiart Dafydd, rydyn ni'n mynd i gael storm, mae arna i ofn. Mae'r môr 'na'n wyllt iawn heno.'

'Rhywun wedi'i wylltio fo, mae'n siŵr, fydd dim modd ei dawelu fo bellach, gei di weld.'

'Roeddwn i wedi disgwyl eich gweld chi ym Min-y-Don heno, Rhisiart Dafydd.'

'Rydw i wedi mynd yn rhy hen, 'merch i, i godi allan ar dywydd mor oer,' meddai'r hen ŵr.

'Chi o bawb yn gwrthod peint, Rhisiart Dafydd! Roedd y bechgyn yn y bar yn holi amdanoch chi.'

'Chwarae teg, iddyn nhw. Maen nhw'n hen griw iawn ym Min-y-Don.'

'Mae'n well i mi fynd, Rhisiart Dafydd, cyn i'r tywydd 'ma fynd yn waeth, mi fydd hi'n dechrau glawio unrhyw funud yn ôl ei golwg hi.'

Cerddodd Margied yn ei blaen i gyfeiriad ei chartref.

---

mewn braw *in fright*
mae arna i ofn *I'm afraid*
gwylltio *to anger*
rhy hen *too old*
gwrthod *to refuse*

Roedd y pentref yn unig iawn. Doedd neb i'w weld yn unman, a doedd dim byd ond sŵn y gwynt i'w glywed a sŵn hen dun *Coca-Cola* gwag yn cael ei chwythu ar hyd y stryd. Wrth iddi gerdded heibio i gaffi'r Angor, teimlai ryw ias oer yn mynd drwy ei chorff. 'Ble roedd Julie heno, tybed?' meddyliodd. 'A ble roedd Harri, o ran hynny?' Roedd ei bywyd hi a Harri wedi newid cymaint ers i Julie Donnington ddod i fyw i'r pentref. 'Beth fyddai ymateb Julie pan fyddai hi'n clywed ei bod hi, Margied, yn disgwyl plentyn Harri?' Allai hi ddim credu y byddai Harri wedi sôn wrthi. Roedd Harri wedi newid cymaint yn ystod y misoedd diwethaf. Hyd yn oed ar ôl iddi ddweud wrtho ei bod hi'n disgwyl ei blentyn, doedd hi ddim wedi gweld llawer arno. Roedd o fel pe byddai'n methu'n lân â phenderfynu beth i'w wneud. 'Mae'n rhaid fod gan y ferch Julie 'na ryw afael rhyfedd ynddo fo,' meddai Margied wrthi ei hun.

Roedd y gwynt yn chwipio ei hwyneb, ond nid y gwynt yn unig oedd yn gyfrifol am y dagrau oedd yn rhedeg i lawr ei bochau. Wrth iddi gerdded i fyny'r palmant tuag at ei chartref roedd hi'n gallu gweld y cychod allan yn y bae. Roedd golau'r cychod yn wincio arni drwy'r tywyllwch a gallai arogli'r heli yn ei ffroenau. Pan gyrhaeddodd ei

---

tun *tin*
ias *shiver*
o ran hynny *for that matter*
credu *to believe*
cymaint *so much*
gafael *hold, grasp*
chwipio *to whip*
cyfrifol *responsible*

palmant *pavement*
ffroenau *nostrils*

chartref sylwodd ar y golau yn ffenestr. Roedd ei mam wedi aros ar ei thraed i ddisgwyl amdani.

'Wyt ti'n iawn, Margied?' gofynnodd ei mam pan glywodd hi'r drws yn cael ei agor. Roedd hi'n bryderus iawn ynglŷn â'i merch y dyddiau hyn.

Roedd Margied wedi cael ei synnu'n fawr pan dorrodd hi'r newydd iddi ei bod hi'n disgwyl plentyn. Roedd hi wedi meddwl y byddai ei mam wedi dwrdio a ffraeo, ac y byddai bywyd yn amhosibl yn y cartref. Ond ar ôl iddi ddod dros y sioc pan glywodd hi'r newydd am y tro cyntaf, roedd hi wedi cymryd pob gofal o'i merch. A doedd hi ddim wedi pwyso gormod arni wrthi holi am ei pherthynas hi a Harri. Roedd hi wedi ymddwyn yn ddoeth ac yn bwyllog, ac roedd hi a Margied wedi dod yn agosach at ei gilydd nag roedden nhw wedi bod ers blynyddoedd lawer.

'Wyt ti'n iawn, Margied?' gofynnodd eto. 'Allwn i ddim meddwl am fynd i'r gwely cyn i ti gyrraedd y tŷ ar noson mor stormus.'

'O, rydw i'n iawn, Mam. Mi wna i gwpanaid bach i ni'n dwy, mi fyddwch chi'n siŵr o gysgu wedyn.'

'Roeddwn i'n ofni bod rhywbeth wedi digwydd i ti, neu dy fod ti wedi cael rhyw ddamwain yn y gwynt cryf 'ma.'

---

dwrdio *to scold*
amhosibl *impossible*
gofal *care*
perthynas *relationship*
ymddwyn *to behave, to act*
doeth *wise*
digwydd *to happen*
cryf *strong*

'Mi alwais i ym Min-y-Don ar fy ffordd adref. Roedd Myfanwy wedi dweud wrtha i pan welais i hi yn y siop y bore 'ma, bod Enid ac Alwyn am gael gair â fi.'

'A be' oedd ganddyn nhw i'w ddweud wrthot ti?'

'Wn i ddim, Mam, mae arnyn nhw eisiau i mi a Harri fynd yno i gael swper efo nhw nos yfory. Mae ganddyn nhw rywbeth pwysig iawn i'w ddweud wrthon ni, medden nhw.'

'Be' felly, tybed?'

'Does gen i ddim syniad, wir, ond roedd y ddau'n wên o glust i glust, felly mae'n rhaid nad oes ganddyn nhw newyddion drwg i ni!'

Eisteddodd y ddwy o flaen y tân i yfed eu cwpanaid. Ychydig o sgwrsio fuodd rhwng y ddwy. Roedd y fam yn gwrando ar y gwynt yn rhuo yn y simnai a'r glaw yn curo ar y ffenestr, ac yn cofio nosweithiau tebyg pan fyddai Dafydd ei gŵr allan ar y môr a hithau'n methu byw yn ei chroen nes y byddai hi'n clywed sŵn ei droed yn dod i fyny'r stryd. Eisteddai Margied â'i chwpan yn ei dwylo yn edrych i'r tân yn meddwl am gant a mil o bethau, ac yn ceisio dyfalu beth fyddai gan Enid ac Alwyn Min-y-Don i'w ddweud wrthi hi a Harri y noson wedyn.

Ymhen hir a hwyr, cododd mam Margied. 'Wel, mae'n

---

be' felly? *what therefore?*
rhuo *to roar*
simnai *chimney*
curo *to beat*
dyfalu *to imagine*
ymhen hir a hwyr *at long last*

well i ni ei throi hi am y gwely, Margied.'

'Ydy, mae'n debyg. Mi fydda i fyny ar eich ôl chi mewn dau funud. Nos da, Mam.'

Roedd y wawr ar dorri pan glywodd Margied rywun yn curo'n wyllt ar y drws. Rhoddodd ei gŵn gwisgo amdani'n sydyn a rhuthro rhwng cwsg ac effro i lawr y grisiau i agor y drws.

'Bobol annwyl, Rhisiart Dafydd, be' sy'n bod?'

Roedd yr hen ŵr yn sefyll yno'n wlyb at ei groen ac yn ymladd am ei anadl.

'Dewch i mewn o'r glaw 'na.'

'Dim diolch, Margied fach. Storm, 'merch i, mae hi'n storm fawr ar y môr 'na ac mae rhai o fcchgyn y pentref 'ma mewn trwbwl! Roeddwn i'n meddwl byddet ti'n hoffi cael gwybod.'

'Mi ddo i lawr efo chi, Rhisiart Dafydd.'

'Fel rwyt ti'n dewis, Margied.'

'Oedd Harri ar un o'r cychod?'

'Oedd, yn ôl y sôn.'

Suddodd calon Margied. Brysiodd i fyny'r grisiau i wisgo amdani a cherdded yng nghwmni'r hen longwr i lawr i

---

ei throi hi *to set off*
gwawr *dawn*
ar dorri *about to break*
gŵn gwisgo *dressing gown*
rhuthro *to rush*
effro *awake*
bobol annwyl! *goodness me!*
anadl *breath*

trwbwl *trouble*
yn ôl y sôn *by all accounts*
suddo *to sink*
calon *heart*

gyfeiriad yr harbwr.

Roedd y môr yn berwi yn yr harbwr a'r tonnau'n torri'n uchel dros y muriau. Roedd amryw o ddynion y pentref yno'n barod i geisio achub y bechgyn oedd yn ceisio brwydro i mewn i'r harbwr yn eu cychod bach eiddil. Rhedodd Margied at un o'r dynion. 'Harri!' gofynnodd yn wyllt. 'Ble mae Harri? Oes rhywun yn gwybod be' ydy hanes Harri?'

'Duw a ŵyr! Does neb wedi ei weld o!'

'Oedd o wedi mynd allan neithiwr?'

'Oedd, mae'n rhaid, dydy ei gwch o ddim yn ei le arferol yn yr harbwr.'

Aeth Margied i sefyll o'r neilltu ar ei phen ei hun. Gallai weld un neu ddau o'r cychod a oedd wedi llwyddo i gyrraedd drwy'r agoriad yn y mur i mewn i dawelwch cymharol yr harbwr. Roedd y dynion wrthi'n lluchio rhaffau iddynt er mwyn eu tynnu i mewn i ddiogelwch y lan. Ond doedd cwch Harri ddim yn eu plith. 'O, Harri, pam roedd yn rhaid i ti wrthod gwrando arna i? Roeddet ti wedi addo cadw'n glir o'r môr. Rydw i wedi dweud a dweud wrthot ti nad oes dim trugaredd gan y môr!'

Roedd y dagrau'n llifo'n gymysg â'r glaw i lawr wyneb

---

achub *to save*
brwydro *to battle*
hanes *story*
Duw a ŵyr *God knows*
arferol *usual*
llwyddo *to succeed*
agoriad *opening*
cymharol *comparative*

lluchio *to throw*
yn gymysg *mixed*
rhaff(au) *rope(s)*
diogelwch *safety*
yn eu plith *amongst them*
gwrthod *to refuse*
trugaredd *compassion*

Margied, ond roedd y gwynt yn boddi ei geiriau. Uwch ei phen clywai'r gwylanod yn sgrechian yn druenus, fel pe bai'r storm a pherygl y bechgyn yn y cychod yn torri eu calonnau hwythau.

'Edrychwch!' gwaeddodd rhywun gan bwyntio at gwch bychan oedd i'w weld yn y pellter. Rhedodd pawb ato i wylio'r cwch yn cael ei luchio o un don i'r llall. Weithiau roedd yn diflannu o'u golwg yn gyfan gwbl am rai eiliadau, ac yna'n dod i'r golwg eto ar frig y don. Wrth iddo ddod yn agosach i'r lan, llwyddodd Margied i ddarllen enw'r cwch. *Cadwaladr*. Cwch Harri!

Rhedodd Margied ar lan y dŵr wrth i'r cwch ddod yn nes ac yn nes gan ddisgwyl gweld Harri ynddo. Daeth rhai o ddynion y pentref i sefyll wrth ei hochr, a mentrodd dau neu dri ohonyn nhw i mewn i'r tonnau i dynnu'r *Cadwaladr* i'r lan. Pan gawsant afael arno, trodd un o'r dynion i edrych ar Margied ac ysgwydodd ei ben.

Roedd y cwch yn wag!

---

truenus *miserable*
diflannu *to disappear*
yn gyfan gwbl *altogether*
brig y don *crest of the wave*

Pennod 12

Ddwyawr yn ddiweddarach, gorweddai Margied ar ei gwely yn edrych yn syn ar nenfwd yr ystafell. Roedd ei llygaid yn goch a chwyddedig, ond nid oedd deigryn ar ei hwyneb. Doedd hi ddim yn gallu crio rhagor.

Pan dynnodd y dynion y cwch gwag i'r lan, ac wedi i Margied weld drosti ei hun nad oedd golwg o Harri ynddo, cydiodd Rhisiart Dafydd yn dyner yn ei llaw a cherddodd hithau fel merch fach i fyny'r traeth yn llaw yr hen forwr a'i dagrau'n llifo. Cerddodd y ddau yn araf i fyny'r stryd tua'i chartref. Er ei bod hi'n gynnar yn y bore, roedd y newyddion am y storm ac am y cychod mewn trafferth ger yr harbwr wedi mynd drwy'r pentref fel tân gwyllt. Roedd llawer o'r gwragedd yn sefyll yn nrysau'r tai ac amryw o'r dynion yn brysio'n wyllt i lawr i gyfeiriad yr harbwr.

Roedd mam Margied yn aros amdani yn y tŷ a gadawodd Rhisiart Dafydd hi yng ngofal ei mam ar ôl torri'r newydd trist am gwch gwag Harri yn cael ei dynnu i'r lan.

Erbyn hyn roedd y storm o ddagrau wedi tawelu a gorweddai Margied yn dawel yn meddwl am ei dyfodol hi

---

dwyawr *two hours*
diweddarach *later*
gorwedd *to lie*
chwyddedig *swollen*
deigryn *tear*
cynnar *early*

103

heb Harri, ac am ddyfodol y baban y gallai hi ei deimlo'n symud o'i mewn. Roedd ei byd hi ar ben. Roedd hi wedi ofni ei bod hi wedi colli Harri i Julie Donnington, ond gwyddai fod gobaith iddi ei ennill yn ôl o freichiau honno. Bellach y môr oedd wedi hawlio Harri iddo'i hun, a gwyddai Margied yn ddigon da nad oedd ganddi unrhyw obaith i'w ennill yn ôl o afael y tonnau. Roedd y gelyn roedd hi wedi ei ofni a'i gasáu er pan oedd hi'n ferch fach wedi dial arni unwaith eto. Doedd o ddim wedi bodloni ar fynd â'i thad oddi arni; roedd wedi mynnu dwyn Harri a'i gobaith am y dyfodol oddi arni hefyd.

Torrwyd ar draws ei meddyliau gan sŵn traed yn hanner rhedeg i fyny'r stryd. Yna, clywodd gloch y drws yn cael ei chanu drosodd a throsodd a'i mam yn brysio i ateb. Clywai sŵn siarad prysur yn yr ystafell i lawr y grisiau, ond allai hi ddim deall beth oedd yn cael ei ddweud ac, er bod y llais yn gyfarwydd, allai hi ddim penderfynu pwy oedd yno.

Yna, roedd rhywun yn curo ar ddrws ei hystafell a chafodd ei synnu pan welodd ben golau Julie Donnington o bawb yn edrych arni heibio i gil y drws. Daeth Julie yn syth ati ac eistedd wrth ei hochr ar y gwely. Roedd hi allan o wynt yn lân.

---

colli *to lose*
hawlio *to claim*
gelyn *enemy*
dial *revenge*
bodloni *to satisfy*
deall *to understand*
cil y drws *edge of the door*
yn syth *straight away*

'Newyddion da, Margied,' meddai hi, a sylwodd Margied am y tro cyntaf ar y wên oedd ar ei hwyneb. 'Rydw i newydd gael neges ar y ffôn ac rydw i wedi rhedeg yma bob cam.'

'Neges? Gan bwy? O ble?' holodd Margied yn ddryslyd.

'Gan Harri, wrth gwrs. Fe gafodd o ei godi o'i gwch gan fad achub Aberheli rai oriau yn ôl. Mae o yn Aberheli erbyn hyn ac mae rhywun yn mynd i ddod â fo adre'n syth.'

'Ac mae o'n iawn?' Allai Margied ddim credu ei chlustiau. 'Ydych chi'n siŵr, Julie?'

'Ydw, rydw i'n siŵr. Mae Harri'n berffaith iawn, ond ei fod o'n poeni'n ofnadwy amdanat ti, Margied. Roedd o'n gwybod nad oedd ffôn gennych chi yn y tŷ, ac roedd o'n mynnu bod yn rhaid i mi redeg yma'n syth.'

Wyddai Margied ddim beth i'w ddweud. Roedd Harri, ei Harri hi, yn fyw ac yn iach, ac roedd y ferch roedd hi wedi gweld cymaint o fai arni yn eistedd wrth ei hochr yn wên o glust i glust.

'Rydw i mor falch drostat ti, Margied,' meddai Julie, 'ac mae'n wir ddrwg gen i am bopeth arall sy' wedi digwydd. Dim ond ffrindau ydw i a Harri, ac roeddwn i'n meddwl yn siŵr fod popeth drosodd rhwng y ddau ohonoch chi.'

---

dryslyd *confused*
gweld bai *to find fault*

'Diolch yn fawr iawn i chi, Julie,' meddai Margied drwy ddagrau ei llawenydd. 'Ac mae'n ddrwg iawn gen innau am bopeth hefyd.'

'Rydw i'n cofio i chi ddweud wrtha i yn y ffair nad ydy hi'n arferiad yn Nhraeth Bychan i ferched ddwyn cariadon merched eraill. Wel, does dim rhaid i chi boeni o gwbl, Margied. Doedd gan Harri ddim amser ar y ffôn i ofyn oeddwn i'n iawn, dim ond amdanoch chi roedd o'n poeni. Yr unig reswn roedd o'n fy ffonio fi oedd i ddweud wrtha i am redeg yma efo'r neges i chi.'

Chwarddodd Margied drwy ei dagrau ac ymunodd Julie yn y chwerthin.

Y noson honno, treuliodd Margied a Harri rai oriau yn mwynhau croeso hwyliog Alwyn ac Enid yng ngwesty Min-y-Don. Ar ôl iddynt ddathlu dihangfa lwcus Harri, torrodd Alwyn ac Enid y newydd am eu bwriad i ymddeol ac i'w cael nhw i redeg y gwesty yn eu lle.

'Ond cofiwch chi hyn,' ychwanegodd Alwyn. 'Gwaith i ŵr a gwraig ydy rhedeg gwesty fel Min-y-Don. Felly, mae hi'n hen bryd i chi'ch dau wneud rhywbeth i ofalu y bydd 'na Mr a Mrs Pritchard arall yn barod i symud i mewn pan

---

llawenydd *joy*
ymuno *to join*
croeso *welcome*
dathlu *to celebrate*
dihangfa *escape*
bwriad *intention*

fydd y Mr a Mrs Pritchard yma'n symud allan.'

'Dydw i ddim yn meddwl y bydd hynny'n broblem o gwbl,' meddai Harri gan edrych yn gariadus i lygaid Margied.

Cyn iddyn nhw droi am adref ar ddiwedd y noson, cerddodd y ddau law yn llaw i lawr i'r traeth. Roedd y gwynt wedi tawelu a'r môr yn llonydd fel llyn, ac roedd y lleuad llawn uwchben y gorwel yn creu llwybr arian ar ei wyneb. Arhosodd y ddau ger y fan lle bu Margied yn sefyll y bore hwnnw yn gwylio'r cwch gwag yn cael ei dynnu i'r lan. Roedd y *Cadwaladr* yn dal i fod yno yn gorwedd ar ei ochr ar y tywod. Eisteddodd y ddau ar ymyl y cwch.

'Wel, dyna'r tro olaf y bydda i'n mynd allan yn yr hen gwch 'ma, nac mewn unrhyw gwch arall o ran hynny,' meddai Harri. 'Rydw i wedi cael digon ar y môr 'na ar ôl neithiwr.'

'O, wn i ddim,' atebodd Margied. 'Dydy'r hen fôr 'na ddim mor ddrwg ag roeddwn i'n feddwl, neu fydda fo byth wedi rhoi fy Harri yn ôl i mi.'

Cusanodd Harri hi'n dyner a dweud, 'Pan oeddwn i allan yn y storm ofnadwy 'na neithiwr ac yn meddwl yn siŵr fy mod i'n mynd i foddi, dim ond dau beth oedd ar fy meddwl

---

cariadus *loving*
llonydd *still*
llyn *lake*
lleuad *moon*
creu *to create*
arian *silver*
wn i ddim *I don't know*

i.'

'Gobeithio fy mod i'n *un* ohonyn nhw, beth bynnag,' chwarddodd Margied.

'Chdi oedd y ddau ohonyn nhw, mewn rhyw ffordd,' meddai Harri'n ddifrifol. 'Wel chdi a Dafydd, fy mab bach i sy'n tyfu yn dy gorff di.'

'Ac rwyt ti'n mynd i roi enw Nhad arno fo. Mi fydd Mam wrth ei bodd, a finnau hefyd. Ond sut gwyddost ti mai bachgen fydd o? Mae merched yn cael eu geni weithiau hefyd, wyddost ti!'

'Doeddwn i ddim wedi meddwl am hynny,' meddai Harri'n bwyllog. 'Pa enw roddwn i arni os mai merch gawn ni?'

'Beth am ei galw hi'n Julie?'

Edrychodd Harri'n syn arni, a chwarddodd Margied yn uchel — ac nid oedd unrhyw awgrym o chwerwder yn ei chwerthin.

---

difrifol *serious*
weithiau *sometimes*
awgrym *hint*
chwerwder *bitterness*